5年决定你的人生

[韩]河佑锡 著 / 轩若 译

光明日报出版社

图书在版编目（CIP）数据

5年决定你的人生 / (韩) 河佑锡著；轩若译. --
北京：光明日报出版社，2015.5
ISBN 978-7-5112-7961-3

Ⅰ. ①5… Ⅱ. ①河… ②轩… Ⅲ. ①人生哲学－通俗读物 Ⅳ. ①B821-49

中国版本图书馆CIP数据核字(2015)第030639号

版权登记号：01-2014-8015

书　　名： 5年决定你的人生

著　　者：【韩】河佑锡　　**译　　者：** 轩　若

策　　划： 双螺旋文化
责任编辑： 黄海龙　　**责任校对：** 傅泉泽
装帧设计： lily工作室　　**责任印制：** 曹　诤
特约编辑： 唐　浒　郝　焱　　**特约技术编辑：** 张雅琴　沈永勤　杨　骏

出版发行： 光明日报出版社
地　　址： 北京市东城区珠市口东大街5号，100062
电　　话： 010-67078248（咨询），67078870（发行），67019571（邮购）
010-63497501、63370061（团购）
传　　真： 010-67078227，67078255
网　　址： http://book.gmw.cn
邮　　箱： gmcbs@gmw.cn
法律顾问： 北京德恒律师事务所龚柳方律师

印　　刷： 北京中印联印刷有限公司
装　　订： 北京中印联印刷有限公司
本书如有破损、缺页、装订错误，请与本社联系调换

开　　本： 889×1194mm　1/32
字　　数： 120千字　　**印　　张：** 7.75
版　　次： 2015年5月第1版　　**印　　次：** 2015年5月第1次印刷
书　　号： ISBN 978-7-5112-7961-3

定　　价： 35.00元

致本书读者

5年后的今天，你会在哪里？

如果用一个单词来定义人生，你觉得会是什么呢？

答案就是“战略”。

在我们的人生中会制定不少大大小小的战略。结婚的时候，装修房子的时候，生孩子的时候，在职场工作的时候，甚至退休以后，我们最需要的就是战略。如果通过战略引导我们的人生，任何人都有可能获得成功。

然而，成功的人总是少数的。仔细分析一下，我们会发现，大多数人无法获得成功的原因可以总结为三点。一是战略错误；二是在战略面前不付诸行动、迟迟不前；三是根本就没有战略。

因此，要想获得成功的人生，最重要的就是规划“战略”。为此，我进行了为期两年多的调查和研究，从人类历史上最具有影响力的伟人到打破世界纪录的运动健将，从取得惊人成绩的商人到通过最高级考试的专业工作人员，等等。从这些人多种多样的人生战略中，我最终得出了以下结论。

“永远走在前面的人，成功达成自己目标的人，实现自己所有梦想的人，不断取得卓越成绩的人，这些人有着一个共同的特点，那就是他们都会以5年为单位规划人生，并且会在这5年内集中自己所有的精力。”

再具体一点说明一下。

有一个中学1年级的女学生，考试成绩一直都是第1名，从来没有间断过，她5年后的目标是“考入首尔大学”。可是在一次月末考试中她的成绩却滑落到了第5名，紧张的父母马上给她找了新的教师，也更换了之前的补习班。终于，下一次月末考试，她又考回了第1名。那么，这个女学生到底能不能实现自己的最终目标，成功考入首尔大学呢?

很多成功人士都告诉我，“那是不可能的”。如果这个学生的水平真的能够达成考入首尔大学的目标，那区区一个月末考试根本就无法对她造成任何影响。可以说，月末考试只是入学考试的一个“评估”，能回答对几个问题并不重要，重要的是让学生们在入学考试时能够发挥出自己最大的潜能。与其通过月末考试来检验自己是否能达成目标，倒不如多花一些时间在学习上，把目光放在更深更远的问题上。只对眼前的事耿耿于怀的人，是不会达成自己的最终目标的。

我们的人生战略也基本是这样，不要简单地认为“如一地实现短期目标就会自然地达成长期目标”，这样是不对的。应该首先建立起自己要达成的最大、最远的目标，而且要把这过程中遇到的所有考验和困境都看成是对这个目标的“评估”。只有建立一个任何人都无法效仿的伟大的目标，并且集中自己所有的精力一路向前，这样才能算是实现了自己的战略。而从建立目标到完成这个目标，最适当的时间就是“5年”，即5年后的人生。

生活除了努力，还需要战略。这个战略不能简单地概括为“稍微好一点的人生”、“再丰富一点的生活”，而是要为了给自己的人生带来转折，然后把所有的焦点都集中在这个目标上才行。我们常常会失败，就是因为没有一个具体的计划和战略。并且，我们常常感到自我满足，所以才会导致我们放弃自己的战略和目标，又重新回到原地。

现在也不晚，尽情地在脑海里刻画一下5年后你自己的样子。然后在众多你刻画的景象中选择出自己认为最迫切的一个，并且开始给自己制定可以实现这个景象的战略。通过这个5年战略，让你的人生变得与众不同。

米开朗基罗创作出人类史上杰出的西斯廷教堂壁画《创世纪》，而完成这幅画的时间就是5年。

莎士比亚创作出人类文化史上不朽的四大悲剧，而完成它们的时间就是5年。

哥伦布发现新大陆的时间也是5年。

金妍儿在第一次获得花样滑冰成人组比赛的冠军后，到成功摘取奥运会金牌，所经历的时间也是5年。

司法考试合格的人，准备考试的平均时间也是5年。

成功创业并能够在市场上站稳自己脚步的人，所经历的时间也是5年。

5年是260周，1825天，43800个小时，2608000分钟。此刻，这些宝贵的时间就是这个世界赐予你的礼物，你想拥有它们吗？

请你一边带着下面的几个问题，一边阅读本书。

5年后的你会是在哪里？

5年后的你会和什么样的人在一起？

5年后的你正在做着什么？

目　录

contents

5年决定你的人生

第　一　章

接下来的5年将会决定你的人生

第　二　章

离开陈旧的自己

第　三　章

改变，离开，还有爱

第　四　章

找到属于自己的道路

第　五　章

能够支配时间的人才会取得胜利

第一章

接下来的5年将会决定你的人生

CHAPTER • 1

闭上眼睛，想象一下你自己5年后的样子吧！是否和现在一样，每天都为了生活而挣扎、忙碌？如果是这样，你会不会感到害怕、恐惧？如果5年后的你过着如今早已预料到的生活，那是不是会令你毛骨悚然呢？没有比能够预料到的人生更加漫长乏味的生活了。国际工人运动活动家查尔斯·琼斯说过：“两点要素将决定5年后你的样子，即，此时你正在阅读的书和此时你正在交往的人。”

01 给自己制订一个5年计划

> 一个懂得思考5年后的自己将会是如何生活的人和一个不懂得思考的人，他们之间的差距是相当大的，成功理所当然是属于前者的。

人类历史上最伟大的艺术家之一的米开朗基罗，作为文艺复兴时期伟大的绘画家、雕塑家，不仅留下了多幅举世闻名的壁画，人们更是为他创造出了不计其数的传奇作品而感到惊叹。提到米开朗基罗，就不得不提到他最具有代表性的作品——梵蒂冈西斯廷礼拜堂的天顶画和壁画。任何人看到这个伟大创作都会被其雄壮的气势所吸引，前去观赏的人络绎不绝。在那辽阔硕大的天顶上，星星点点地布满了米开朗基罗亲手创作的作品。

在高20米、长41米、宽13米的广阔空间里，栩栩如生地刻画了《圣经·旧约》的众多故事。光明与黑暗的距离，大地与海洋的分界，太阳、月亮以及星星的神秘，亚当和夏娃的故事，等等。米开朗基罗将这些雄伟的画面表现得淋漓尽致。值得世上所有人欣赏的《创世纪》和《最后的审判》就是这伟大创作中的一部分。

米开朗基罗在没有任何助手帮助的情况下，只身一人完成了这伟大的壮举，这不得不令人惊叹。现在，让我们来猜一猜，米开朗基罗完成这世界闻名的壮举所花费的时间是多久?

答案是“4年零6个月”。1508年，米开朗基罗受教皇尤里乌斯二世的邀请，去西斯廷教堂创作天顶壁画，并于1512年完成了所有的作品。在不到5年的时间里，他完成了人类艺术史上最伟大的作品。

现在，我给大家讲一个有意思的小插曲吧。

有一天，梵蒂冈西斯廷礼拜堂的一位神父来问米开朗基罗，“这壁画大概要多久才能完成啊？1年的时间够用吗？”

米开朗基罗听到以后大声笑了，说道：“您把我看成什么了？！”

神父吓了一跳，赶紧说道：“大师就是大师，果然与众不同，6个月应该就差不多了吧？”

米开朗基罗面无表情地说了一句：“4年。”

当然，米开朗基罗完成壁画的时间比自己当初约定的年限稍微久了一点。但是，是什么原因让早已声名显赫的他甘愿花费接近5年的时间来创作这幅壁画呢？苹果公司的创始人史蒂夫·乔布斯称赞米开朗基罗是一位知识渊博的饱学之士。虽然他那时只是一名普通的雕刻家，但其实他在很多方面都很有才华。于是，他开始了梵蒂冈西斯廷礼拜堂的壁画的创作。而且，那时的他仅仅33岁，正是一个充满热情和自信的年龄。对于一个处于人生全盛时期的30多岁的人来说，米开朗基罗要奉献自己将近5年的黄金时间，来实现自己新的计划。一个没有任何成功保障的挑战，对于普通人来讲是不敢想象的。

米开朗基罗这样说过："如果想要体验内心的爱和美丽的光芒，就要在内心之火熄灭之前先燃烧自己，并在自己眼中放射出光芒的那一瞬间，尽情享受。"

为了让内心的热情永不消失，米开朗基罗尽情地享受了自己如火花一般耀眼的5年时光。也正因此，他留下了举世闻名的巨作。如果当时的米开朗基罗就满足于现状，不挑战新的计划，那这项"伟大的成功"也就不会展现在世人面前了。

他这样问世人："有没有一个能够让你在5年的时间里集中自己所有的精力，甚至可以放弃自己的生命的计划？"

在米开朗基罗完成这幅伟大作品的100年前，一个意大利的小村庄里有一位男孩一直遥望着大海。他的名字叫克里斯托弗·哥伦布。和其他的少年不同，他一直有着一个的远大的梦想，"我一定要找到那片海的尽头的另一块大陆"。长大后，哥伦布在西班牙的天主教君主的赞助下，展开了航海冒险。他带着圣母玛利亚号、尼娜号和平塔号3艘船，从西班牙巴罗斯港出发了。这就是哥伦布的第一次航海，从那以后，他陆续地发现了现在的巴哈马、古巴、北美以及南美。完成了历史性发现的哥伦布，他所投资的时间也是5年。如果没有远大的梦想和伟大的目标，这5年是不会成为历史的纪录的。

现在我们来看看米开朗基罗时代100年后的情景。那里又有一位举世闻名的人物，他的名字叫威廉·莎士比亚，文艺复兴时期英国杰出的戏剧家。他生平完成了37部作品，其中《李尔王》《哈姆雷特》《奥赛罗》《麦克白》广为流传，即莎士比亚的四大悲剧，数百年后的今天仍保留在英语圈国家的教科书上，可见四大悲剧在人类历史上的文化价值是任何作品都无法取代的。那么，莎士比亚完成这四部作品的时间是多久呢？从1600年开始创作《哈姆雷特》，到1605年完成《麦克白》，四大悲剧在5年的时间里诞生了。

英国有莎士比亚，韩国有丁若镛。莎士比亚时期200年后的朝鲜王朝后期，深受正祖大王宠爱的丁若镛在正祖大王死后，被罢免官职且开始了流放的生活。从1813年到1818年的5年期间，丁若镛在多产草堂执笔完成了多部作品，其中著名的有《孟子要议》《逆境》《经世遗表》《牧民心书》。不要说每部著作都具有历史性的意义，就单从数量上来讲，也足够让后代学者敬佩的了。《经世遗表》和《牧民心书》各48卷，都是他在5年期间集中了自己所有精力而取得的成果。

随着20世纪的到来，人们又迎来了一个惊人的历史性转折点，那就是人类一直渴望在天空翱翔的梦想成为了现实。

这项发明的主人公既不是具有渊博知识的飞行物体研究专家，也不是航空技术人员，而是在一个小村庄里以修自行车为生的修理员莱特兄弟，他们的名字是韦尔伯·莱特和奥维尔·莱特。1900年，莱特兄弟开始制作无动力滑翔机，两年的时间内进行了二百多次的试飞。终于，在反复的研究和实验后，1903年12月17日，他们成功地发明出了人类历史上最初的“动力飞机”，并开创了12秒钟36米的飞行记录。这个被命名为“飞行者1号”的第一架动力飞行机，是在莱特兄弟无数的汗水和努力下成功创造出来的。从那以后，他们继而创造出了“飞行者2号”，还延长了飞行时间，并于1905年研制出了“飞行者3号”，飞行记录长达38分钟40千米。莱特兄弟从最初制作无动力滑翔机到“飞行者3号”的成功试飞，这个惊人的成就所经历的时间也是5年。两位平凡的自行车修理工，在短短的5年时间里造就了如此惊人的伟大壮举，真的不得不令人惊叹。

米开朗基罗、哥伦布、莎士比亚、丁若镛以及莱特兄弟，生活在不同时代、不同地方的他们，正在用同样的声音向我们传达着同一个信息，那就是：“如果你有一个一定要完成的梦想，如果你渴望在有生之年燃烧自己的全部热情，如果你想要获取他们无法取得的成就，那么，请现在就开始行动吧，并且要在5年内完成这件事。”

是的，我们的失败和挫折正是由于我们没有找到自己渴望达成的目标，没有一个即使牺牲自己的生命也要完成的梦想。也或许是因为已经找到了并开始了这个目标，但是却没有坚持5年的耐力和勇气。所以，当下的我们一定要明确自己的目标，明确自己要达成的梦想，思考一下“在我们的人生中我要留下什么”。然后，为了完成这个人生目标，给自己制订一个“5年计划”。当然，并不是只要制订了5年计划就一定能够保证获取成功，但是最起码，在我所遇到的众多成功人士当中，他们都一致强调了这个所谓“5年”期限的重要性。无论你在做什么，如果5年的时间里你都没有放弃，而且一直坚持下来的话，那么你获得成功的概率就变得非常高。

我曾拜访过一位参加司法考试并最终合格的人，从准备考试开始，到最后合格，他花费了接近5年的时间。在采访中他说道：“一个懂得思考5年后的自己将会是如何生活的人和一个不懂得思考的人，他们之间的差距是相当大的，成功理所当然是属于前者的。一个成功的人会朝着自己建立的目标勇往直前，而一个失败的人则总是东张西望，左顾右盼，因此而徘徊不前。如果5年的时间里，你一直不懈努力，朝着这个目标不断迈进，那么终会在某一天，你会看到人生的转折点。”

千万不要无视这句话里所包含的寓意深刻的信息，一定要正面接受它所表达的意义。试着大声高喊一句“我也可以”，不要连试都不试就断言自己不行。你的人生不应是路旁的一粒小石子，而应该是一棵正在萌发的幼苗，因为你正站在人生的起跑线上。在肥沃的土地上埋下这棵幼苗，精心地用水灌溉，用阳光沐浴，那么它就会健康成长，长成一棵参天大树，高高耸入那片天空中。在这个世界上，没有一个人天生就应该是小石子，所有的人都是一棵萌发的幼苗。充分地认识到“我一定会成为一棵参天大树”，肯定自我，这就是改变人生的5年计划的第一步。

5年后的你将会成为一棵什么样的树呢？尽情地在脑海里绘制一下你将来的样子吧，自由地想象一下那时的你正在做什么、正在努力成为什么。我相信，5年后的你一定会成为此时你所绘制的模样。

正如伟大的航海家哥伦布一样。

正如最优秀的艺术家米开朗基罗一样。

正如不朽的作家莎士比亚一样。

正如即使被流放也为后代学者开辟道路的丁若镛一样。

正如实现人类在天空翱翔之梦的莱特兄弟一样。

现在，你也来绘制一下自己5年后的样子吧，然后制订一个属于你自己的5年计划。

02

出家人的行囊中没有年龄

所谓出家，就是通过把头发剃光来警戒自己。这也是一种觉悟，告诫自己已经离开了原本熟悉的世界，正在向一个全新的世界前行。人生是在不断的变化中前行的，而不是持续不变的。如果你已经站在路口准备出发，那就不应该再回到故乡，不应该再回到原点。
你的行囊中，不应该装有年龄，而应该装着“5年”。

“制定一个伟大的梦想和目标，为了它最少拿出你5年的时间，勇往直前。”

这本书的主旨就是告诉读者这个道理，但很多人都对这件事感到不安和恐惧。因为5年的时间对一个人来说，并不是一个短暂的期限。你可能会说，本来每一天为了生存就已经感到忙碌和吃力了，更别说要拿出5年的时间了。但这也并不是和你完全没有关系。也许你还会说，对于怀抱梦想和热情的20岁的青年人来说，这是可以考虑的，但是对于30、40甚至50岁的人来讲，这简直是不敢想象的。人们总是对新的挑战和人生感到恐惧、不安。我想给这样的人讲一段小故事。我曾在山寺中遇到过一位老和尚，他对我说过这样一句话：“人生是在不断的变化中前行的，而不是持续不变的。所谓出家，就是通过把头发剃光来警戒自己。这也是一种觉悟，告诫自己已经离开了原本熟悉的世界，正在向一个全新的世界前行。在普通人的眼里，他们觉得悉达多根本就没有出家的理由，因为他自幼就过着锦衣玉食、无忧无虑的生活。但正是因为走出了自己熟知的生活，他才找到了真正属于自己的世界。也就是说，与其为了维持现状而疲惫不堪，倒不如勇敢地迈向个新的生活。”

我每天都把这句话深深铭记在心里，为此而努力生活着。把忙于生计当作借口，而错过充满无限可能的人生，我觉得没有什么比这个还要令人感到悲哀的了。先把书合上，仔细想一想我说的话。闭上眼睛，想象一下5年后你的样子吧！是否和现在一样，每天都为了生活而挣扎、忙碌？如果是这样，你会不会感到害怕、恐惧？如果5年后的你过着如今早已预料到的生活，那是不是会令你毛骨悚然呢？还有比能够预料到的人生更加漫长乏味的生活么？国际工人运动活动家查尔斯·琼斯说过：“两点要素将决定5年后你的样子，即，此时你正在阅读的书和此时你正在交往的人。”

现在的你正在读着哪本书？正在与什么样的人交往？

最重要的不是“年龄”，而是你的意志，一份可以帮助你抛开陈旧观念，并准备好迎接一场大仗的意志。随波逐流的人生，安于现状的人生，它带给你的绝对不是成功，而是“堕落”。没有把目光放在不久的未来，只对今天和眼前的事耿耿于怀的人，最终只会抱着借口，慢慢走向坟墓。

试着策划一下，在接下来的5年当中只有你自己可以主导的人生，无论30岁还是40岁，年龄对你来说没有任何关系。“30岁该这样，40岁该那样”，不要让那些荒谬的说法左右你前进的脚步。20岁和60岁也可以站在同一条起跑线上，19岁的青年和69岁的老人一样都可以开始自己新的事业，一样可以学习新的技术，可以去全世界任何地方旅行。也许正是你脑海中所谓的“三十而立，四十而不惑，五十而知天命，六十而耳顺”阻碍了你。可是为什么30的时候就不能兼备“而立、不惑、知天命、耳顺”呢？我认为这是可能的。再说在60岁的时候还没有兼备这四点的人也大有人在呢。

很多人在尝试新的挑战时，都会习惯性地想到下面的这两句话。

“这个年龄，我能够做得到吗？”

“早都不年轻了，我还可以吗？”

无论是“年龄还小”还是“年纪大了”，年龄永远是他们首先要面对的困难。而且还有一个共同点，就是都会连连摇头。其实，正确答案只有一个，即：“最适合做这件事情的时间就是现在。”

莫扎特在7岁的时候就创作了自己的第一首交响曲。

乡村歌手黎安・莱姆斯在14岁的时候就获得了第39届格莱美年度新人奖和最佳乡村歌手奖。

韩国围棋棋手李昌镐在14岁的时候就获得了KBS围棋大赛的冠军，并成为世界上最年轻的冠军棋手。

澳大利亚的女游泳选手沙恩·古尔德在15岁时就参加了1972年西德慕尼黑奥运会，并取得了3块金牌、1块银牌、1块铜牌。

史蒂夫·乔布斯在21岁时退学，并和史蒂夫·沃兹尼克共同创立了苹果公司。

医科大学学生弗雷德·德卢卡21岁时为了赚取学费，向朋友借了1000美元，就这样创立了“赛百味”。

身为高中化学教师的吉姆·莫瑞斯在35岁时才被大联盟选中，并成为一名专业的投球手。

曾是家庭主妇的朴婉淑在40岁的时候发表了短篇小说《罗牧》，并正式成为一名小说家。

山姆·沃尔顿在44岁时创立了沃尔玛一号店。

拳王福尔曼在45岁时夺回了阔别七年的拳王金腰带。

雷蒙德·克罗克在52岁时才创立了麦当劳。

哈兰·山德士在62岁时创立了肯德基。计划在全世界开连锁店的他受到了1009次的拒绝，并最终在1010次尝试时正式签约，成功建立了自己的第一个连锁店。那时的哈兰·山德士已经68岁了。

我想再次强调一下，当你决定向着崭新的人生出发时，不要把年龄也放进你的背包中。你所需要做的，只是朝着眼前的目标，勇往直前，并集中自己所有的精力和力量。无论我们做什么，也无论我们何时开始，此时你的年龄都会在市场营销上助你一臂之力。

想一直保有20岁的年轻肌肤？当然，对于那些以外表为生计的艺人们来讲，那是有一定必要的。但对于其他人来讲，为什么那么渴望拥有20岁的肌肤呢？试着问一问自己，之所以努力地想把年轻的肌肤留住，是不是因为没有其他地方可以付出自己的努力和精力呢？

40岁的时候一定要买一辆符合自己身份的豪车？为什么一定要这样呢？难道说一辆经济又实惠的小型轿车就会让你的品位降低？深受年轻人尊敬的播音员孙硕熙教授，即使在自己最著名的时候，也是乘着经济用车上下班的。没有任何人觉得那样的做法降低了他的品位。而且，即使没有车又怎么样呢？随着年龄的增长和成熟，我们更不应该只注重物质表面，要试着努力找回20岁时的热情，而不是所谓的20岁的年轻肌肤。执著于现有的成功公式是不行的，要找到一个只属于自己的成功方式，并不断实践慢慢朝着目标靠近。

豪车、豪房只是这个世界给你的圈套，一旦你被这个圈套套牢，你的思考和行动就会停止，并将自己的人生完完整整地献给他人，满足了他人的愿望。而你开始从人生的道路上开始脱轨，慢慢变得颓废，一无所有。

接下来，让我问几个问题吧。

“对于身为职场人士的你来说，事业就是你的一切。那么，事业开始的最适合的年龄是什么时候呢？25岁？32岁？41岁？55岁？还是60岁？”

“你精通英语，并渴望和一些英语圈的国家开始事业上的往来，那最适合的年龄是什么时候呢？20岁？30岁？40岁？50岁或是60岁？”

“如果你不想再做一个碌碌无为的平凡人，想成为一名作家，以此来改变自己的人生，那你觉得什么年龄最合适呢？”

现在，你是否明白了呢？其实无论做什么，都没有所谓的最适合的年龄。所以，不要再为了没有答案的问题而纠结烦恼，如果有一件吸引你的事情，那就去做吧。决定人生的不是速度，而是方向。如果你在环视世界的时候找到了自己的方向，那么你的人生永远都可以站在出发线上。而且无论何时，只要你面向新的生活、新的世界，并站在那条出发线上，那你的人生最终都会获得成功。

如果你已经决定开始出发了，那就从现在起，以5年为单位计划一下自己的人生吧。你可能会问，为什么不是1年，也不是10年，而偏偏是5年呢？现在，我就把原因告诉你。

5年的时间里，即使你走了弯路，但只要坚持不懈，就会渐渐达成自己所期望的成果。也就是说从你自己建立目标，并开始实行，到最后取得成果，最合适的时间单位就是5年。这也是众多国家总统的任期为5年的主要原因，包括韩国、法国、巴西、葡萄牙以及南非共和国等国家，他们的国家总统的任期都是以5年为单位的。还有意大利的总理任期也是5年，联合国秘书长也是如此。这就验证了，一项新计划取得成功最适宜的时间就是5年。

一般国家领导人新上任的时候，都会首先完成主要人物的职位安排，也就是创造一个最有利于自己目标达成的环境构造。然后，与这些主要人物进行紧密的协商后，会立案一些新的政策并开始推进。如果在推进的过程中产生问题，就会暂时停止，且实行职务变更，并修正之前提出的政策。大多数的政策都会在任职期间内完成，并且就是以此为目标一直不断推进。如果领导人的任期是1年或者2年的话将会怎么样呢？也许刚刚完成主要人物的职位安排，还未开始进行任何政策上的规划，期限就已经结束了。1年到2年的时间太短了，在这么短的时间里，相关的行动得以实行是很困难的。那么10年又会怎么样呢？效率是不是会大打折扣呢？如果想在10年后对一个计划进行评价，那么在这10年的时间里会发生多少想象不到的事情？也就是说，紧张感和自我意识可能会消失。无论刚开始的时候意志有多强烈，10年的时间对于一个人来说维持这种意志，都是一段过长的时间。

很多国家领导人的任期不是一两年，也不是10年，而是5年，这是有合理的理由的。如果没有办法做到让国民信赖，那任期是可以改变的。几乎所有国家的国会议员任期也都是4年到5年，原因也是一样的。

人生也是如此。如果想要建立一个可以改变自己的人生计划，那么这个计划最适宜的时间就是5年。以10年为单位的话，不仅集中力会降低，还可能变得消沉堕落。所谓人生战略，虽然它的建立和实践非常重要，但是这个成果取得的时机更加重要。像“愚公移山”一样，盲目地一点点一步步的前进是不值得赞扬的。如果建立好目标，并朝这个目标一路迈进，那么获得成功的概率是更加高的。当然，也许对于参加司法考试的人来讲，5年后合格的概率可能没有30年后合格的概率大，但是要30年这样长久的计划又有什么意义呢？所以这样总结下来，“5年”就是一个计划得以实现的最佳时间段。

有一项研究发现，启动资金在100万美元以下的美国创业家中，90%的人在5年后面临破产，只有10%的人坚持了下来。并且，极少数生存了5年以上的创业家们的秘诀就是“5年战略”。也就是失败的90%创业家们，只把长期生存下去当做了自己的目标。也不是说他们没有努力，只是他们没有一个详细的“5年战略”。与他们相反，10%成功的创业家们都制作了一个具体“5年战略”方案，并且在这期间告诉自己无论如何都要达成这个战略。先不论手段和方法是怎么样的，有的人以5年为基点，并决心一定要把这作为人生的转折点，有的人则只是默默努力并与自己的想法纠缠，这两种人所取得的成果是天差地别的。这就告诉我们，在一个计划开始的时候，以5年为单位进行系统的策划，结果是不一样的。过短的时间会导致获得的结果不够充分，而过长的时间失败的可能性又会变大。

以5年为单位的计划在很多著名的大企业中也适用。

对于一个企业来讲，最重要的就是变化、竞争和挑战。

我们先来说说变化。不难看出，现代企业的系统规模要比过去扩大很多倍。比如在竞争激烈的电子通讯市场，智能手机的出现可谓是彻底改变了该市场的布局。智能手机不仅仅改变了通讯市场，更对人类的行动方式和生活习惯产生了重大影响。在过去，要想改变一种行为方式，需要100年的时间进化，然而现在仅仅需要10年就能够完成。研究未来的学者们推断，这种改变的周期将会越来越短。也许5年后，一种完全不同于智能手机的新型机器将会出现在我们的手中。换句话说，变化正在以一定的加速度在不断地改变我们的生活。在过去，一个企业发生变化后，其他的众多企业会跟随着开始改变，而仅仅是这样跟随性的改变就已经足够让人紧张万分。可是现在，世上所有存在的企业都在忙着改变，因为他们知道如果不改变自己，那生存下去的概率就会降低。这个世界是属于支配者的，只懂得跟随在别人身后的人是要被淘汰的。

企业生存的另一大要素就是激烈的竞争。此时此刻，我相信所有的企业都正在展开激烈的商品竞争、营业竞争、市场竞争、广告竞争以及生产竞争，等等。每天早上睁开双眼就会看见，又有众多的新商品走入市场，每个公司、每个人都在为进入他人的领域而忙碌奋斗着。因为他们知道，如果不努力奋斗，那么别人就会抢走原本属于自己的东西。

最后一点就是挑战。新的市场，新的消费者，新的商品，新的时代，每个人都要拿出自己的出师表，并勇敢走出来。没有人能够保证今天的顾客明天还会再来光顾，今天10万元的销售额也不能够保证明天的销售额也是10万元。所以说，要一直尝试新的挑战，即使不明确，即使不完备，也要在不断的推测和摸索中前进。

过去的企业习惯以10年为单位来制订长期的事业计划，但是看过上面我说的三大要素，你就会发现，现在的企业更偏向以5年为单位进行事业规划。用这5年的时间，将自己设立的目标和战略按阶段性的方式逐一达成。不仅大企业如此，一般中小型企业也都以5年为单位来规划事业，并最终获得进展。

人也是一样的。没有任何一个人不受变化、竞争和挑战的影响。人们一致认为的具有保护作用的措施已经慢慢消失了。不要说是企业了，就连国家也不能为我们提供一个绝对安全的空间。也就是说，人生只能由我们自己看着办。所以，我们要拼命地为自己制订一个周密且详细的人生计划，无论是职场人士还是医生、护士、便利店老板、学生以及家庭主妇，都要为自己的人生负责，制订出一个只属于自己的独一无二的人生计划。并且，我们都要毫无顾忌地展开“出家”的修行。我们要时时刻刻的记住，人生的每个瞬间都是充满变数的，我们要做好随时出发的准备。并且准备好一个可以即时出发的背包，放下自己早已熟知的一切，开始新的挑战。

如果你已经站在路口准备出发，那就不应该再回到故乡，不应该再回到原点。

你的行囊中，不应该装有年龄，而应该装着“5年”。

03

不好不坏的人生才是最糟糕的

> 放弃不好不坏的想法吧，只有这样才能走出危机，让人生变得更加强健、更加精彩。不好不坏的人生只能带来脆弱和妥协，如果没有明确的目标，也没有彻底的思想觉悟，那么人生最终只会成为泡影，而你注定要做个失败的人。

在给职场人士做演讲的时候，我经常会听到这样的抱怨声：“人生计划的确是非常重要的，但是对于一个只拿工资的人来说，结果太明显不过了。再好的人生战略又能怎么样？能够改变的什么也没有。”

2008年的金融危机使众多职场人士陷入了失败和怀疑旋涡之中，每次遇到这样的人，我都会用著名发明家爱迪生的一句名言来鼓励他们。

“当然，不是每件事情都能够像你计划的那样发展，但是不能因为害怕失败而不去计划。”

曾是大联盟最优秀经营者的布兰奇·瑞基也说过这样的一句话，“人生的幸运来源于计划”。

不管你周边的环境有多么恶劣，计划都无疑是至关重要的。以环境作为借口，在制订了计划后也懒懒散散，这样的人获得成功的概率几乎为零。有计划的人生显而易见，为此更要谨慎周密地走出自己的第一步。

最近，我遇到了一位以前公司的后辈，从他那里我听到了一个惊人的消息。

“虽然媒体没有报道过，但是我们公司的的确确在过去的几年间一共有接近5000名的员工提前退休了。您知道这些提前退休的员工都去做什么了吗？他们大多数人都开了炸鸡店。放弃了所有人都羡慕的白领生涯，人人在炸鸡店里忙来忙去，您能想象得出来吗?当然我不是说职业分贵贱，只是觉得每个人都去开炸鸡店有点让人惊讶。虽然不是十分确定，但据我所知，那些人中的一半现在都面临店铺倒闭。”

该公司的5000名员工大规模退休发生在2009年下半年，我从后辈那里听说这件事情是在2011年下半年，这一切都是在两年间发生的。超过一半的人在这两年间，把自己辛辛苦苦攒下来的存款和退休金一下子花没了。而且，还是出身在同一个公司的数千名员工。问题的严重性还不仅仅于此，对于一个中年人来说，花光自己所有的积蓄给家庭带来的打击是巨大的。原本在大公司上班的父亲就是孩子坚强的后盾，可退休后事业又失败，就不得不开始担心孩子的学费和书费。而另一方面，没有任何社会经验的母亲要去小饭店或者超市找一个非正式的职位，每天早上天还没亮就要出去工作赚钱。这样，渐渐地，原本和睦美满的家庭也会变得百孔千疮。

为何会发生这种难以预测的悲剧呢？我认为原因有以下几点。

1. 缺乏想象力

这些人每天穿梭在优秀的同事和前后辈中间，没有大纠纷，也没有大困难。即使遇到不开心的事，坐下来喝杯酒找个人倾诉一下，第二天仍可以高高兴兴地去上班。公司的大门永远都在为他们敞开着，在那里有他们自己的办公桌，机会来了也有升职的空间，并且随时随地都能挺胸抬头的拿出自己的名片。即使别人不知道他的名字，但一定会知道他公司的名字，而这就是他的护身符，是他的安全帽。也正是因为这些安稳的条件导致了他们最终的失败。你可能要问，那些开炸鸡店的人难道就没有事先仔细考虑一下吗？当然，他们肯定是要经过考虑的，然而，他们也就是仅仅考虑了一下。比起不透明的未来，他们更渴望安于现状。安于现状能让他们把自己所处的位置合理化，而合理化的未来导致他们想象力的退化。因为没有问题，因为很安稳，因为不需要对未来担忧，所以根本不去想象，也不需要去想象。这不是一年、两年形成的，是在十年、二十年中一直在不需要想象力的生活中走过来后所形成的，在不断变化的外部社会影响下，渐渐变得不堪一击。

2. 缺乏学习能力

当然，他们的学习成绩肯定是不错的，毕业于名校，又通过层层面试才被公司选中。也许还一边工作一边读完研究生，并且他们都对自己感到满足和欣慰。在属于自己的领域中获得博士、硕士学位，并渐渐被业内人士认可。他们觉得这所有的一切都是为面向未来而做好的“准备”。比起亲身走进社会，他们更倾向于坐在桌前思考，用理论判断时代，用头脑推测未来。然而，当走出公司大门的一瞬间，他们知道了，所有的准备都是没有用的。不再有华丽的名片，只有双手的陪伴，他们开始思考生存下去的方法。而此时，一个未知的世界降临到他们面前，正如梦游仙境的爱丽丝一样。

结论是，他们根本就没有为新生活做好任何准备。你可能想说大公司也是一个社会，但是你要知道，在那个公司里所有的一切都是成形的，就像一个具有保护作用的温室，温室外面则是一个完全不同的世界。温室会帮助他们抵挡所有的狂风暴雨，抵挡一切有害物质的袭击。而他们只不过是从一个原有的温室找到了另一个全新的温室，这就是他们口中所谓的学习。

3. 缺乏推测能力

如果一个人在10年的时间里，过得安安稳稳，没有面临过任何危机，那么这种人要比一般人更加容易陷入自我满足的圈套，并且会盲目认为“我的选择一向都是正确的，这次也不例外”。这简直就像买彩票的人在说“我买的彩票中奖的概率比别人的高”，完全没有任何依据而盲目地相信。把自己当作是例外的，是特殊的，这不是正确的推测，而是一种妄言和幻想。不可能的事情就是不可能的，即使盘古再一次开天辟地也是不可能的。

要做好最坏的打算，提前预测好一切有可能发生的变数。炸鸡店也好，大公司也好，在经营问题上所面临的变数几乎是一样的。不是说店铺小，它所面临的问题就会少，只不过他们没有预测到这些变数而已，盲目地相信自己会平安无事，比起预测更加重视偏见和信心，所以有可能连预测本身这个问题都没有考虑到。他们比其他人提前退休，是因为想尽快开始自己的事业，找到新的人生方向。其实，他们这种想法是正确的，提前退休，尽早找到属于自己的人生。但是如果没有足够的准备就茫然开始行动，结果毋庸置疑是失败。没有准备的行动永远都是鲁莽的，这样的挑战终究是要失败的。

4. 缺乏控制能力

无论一个人的预测能力有多强，他都无法百分之百地预见到所有状况。换句话说，在前方永远都有很多你意想不到的事情在等待着你。而那时，能否正确处理好眼前的问题就是决定你胜败的关键因素，即有无控制能力。遗憾的是，正是因为他们没有控制能力，轻易在问题面前低下头，轻易说放弃，所以才会导致他们的失败。

如今有很多年轻人也在面临失业问题，原因基本和我上面说的差不多。就算找工作真的很困难，但是我认识的大多数年轻人最终也都在自己喜欢的公司里做着自己喜欢的工作。他们的目标并不是简单的“就职”，而是帅气的“成长”。抱着实现自我成长的信念，他们策划了求职战略，并一步步按计划前进。这和那些仅仅把“就职”当作目标的年轻人是不一样的。明明都是同个时代的人，为什么会造成如此大的差距呢？原因就是学习能力、预测能力以及控制能力不同。

近日，有一件事情令整个韩国社会陷入恐慌。在韩国科学技术院接连发生了多起学生的自杀案件，而且他们都是从韩国最优秀的学生中挑选出来的。一次偶然的机会，我遇到了一位该校的学生，并与他进行了深刻的谈话。正在就读博士学位的他说了下面这些话。“我不知道接下来要做什么。迄今为止，除了学习我什么都没有做过。也许说了你也不会相信，但我真的是只有学习潜力，而没有明确的目标。从小学一年级开始，我就一直是班级里的第一名，并且很自然地被重点中学选中，然后也理所当然的考进了重点高中。那时我就想，我一定能考入韩国科学技术院或者首尔大学，老师们和父母也都觉得我一定能够成功。而又是理所当然地，我考进了韩国科学技术院。在大学期间我能做的也只是学习，以硕士为目标，再以博士为目标。终于，现在博士课程马上就要结束了，而我却不知道自己下一步该做什么了。现实让我变得迷茫，我也不知道自己想做的究竟是什么。是要和前辈、朋友们一样继续留在研究院？还是要找到一个新的目标开始人生的挑战？如果留在研究院，应该会很不错吧？然而每当问自己那是不是我渴望的生活时，我给自己的答案都是否定的。但我却没有办法为自己设定一个具体的目标，不知道开始新的人生所需要的计划应该是什么样的。所以现在的我很迷茫，很苦恼。”

在旁边一直听我们谈话的另一个学生表示自己的心情也是一样的，他也在面临同样的困扰。

“我觉得我是太依赖父母了。从小学开始，他们就替我安排好了将来的道路，而我也习惯了他们的安排，就这样一直稳稳当当地走了过来。我的成绩从来都是最优秀的，有时候我在想，是不是因为这样的优秀才使得我的视野变得更加狭窄。就像有句话说，奔跑的马儿根本没有机会环视周围，只能望着远方一直在前进。”

他们本是最优秀的人才，可是却唯独在筹划自己人生的问题上变得脆弱和生疏。手段和目标始终都是无法分割的，学习只是一种实现目标的手段和方式，可这些学生却在不知不觉中把手段当成了自己人生的目标。我不禁对他们产生了怜悯之情。

从大学开始一直到现在，这些年轻人在接近8年的时间里把就业指导当作自己进入社会的人生指南，他们这样的应对措施在现实社会面前显得太简陋潦草了。

这些学生其实都没有为自己的未来做好详细的规划。他们到处投放个人简历，然后去两三个地方面试，结果满心的期待换来的却是最终淘汰。如果你让他们用几句话来说一下未来的意义究竟是什么，他们大多数都会这样回答。

“5年后的你会在做什么呢？”

“我吗？”（即使只有我们两个人，他们也会这样习惯性地反问我。）

“是的，你有想过5年后的自己会在什么样的公司做着什么样的工作吗？在脑海里想象一下。”

“想象一下吗？”（就这样，这些年轻人总是不轻易给与回答，并且最大限度地拖延时间，然后反问一些无聊的问题。作为当事人的我只能无奈地叹气。）

“嗯，是的。你不需要想很远，仅仅设想下5年后的你，那时的你会是什么样子呢？”

“通过什么样的方式呢？”

“嗯……比如说，正在江南区某个广告大厦中，努力地为A汽车公司制作宣传企划书的样子。”

“哦……要是那样的话也挺好的。”

“不，那只是我举的例子。我是想听听你的想法、梦想和未来。”

“其实我觉得哪里都可以，只要能够上班就行了。”

每次到了这个时候，我就没有力气再接着问下去了。

知道更讽刺的是什么吗？那个学生其实在一个月以前写过一篇论文，题目就是“5年后我的样子，10年后我的样子”。

果然，要想在这些学生身上找到想象力、学习能力、推测能力和控制能力是非常困难的。

现在，问题的箭头要指向你们了。

“5年后的你会是在哪里，过着什么样的生活呢？”

无论你是白领一族还是名校毕业的学生，就算是无业游民也没有关系。如果你对这个问题没有明确的答案，并且你也不介意5年后还是过着和现在一样的生活，那么我必须要告诉你，现在你的人生很危险。如果你觉得人生不需要很特别，也不需要很满足，就想稀里糊涂地度过每一天，那么我还要告诉你：“放弃你现在愚蠢的想法，因为不好不坏的人生才是最糟糕的。”

“学习好就行了，在大公司上班就行了，能够就业就行了。”如果一直抱有这种不好不坏的想法，那最终是没有办法过上好的生活的，不会拥有卓越的人生，更没办法让自己的内心充满激情。放弃不好不坏的想法吧，只有这样才能走出危机，让人生变得更加强健、更加精彩。不好不坏的人生只能带来脆弱和妥协，如果没有明确的目标，也没有彻底的思想觉悟，那么人生最终只会成为泡影，而你注定要做个失败的人。

如果你想拥有卓越且精彩的人生，那就从现在起为自己制订一个5年计划吧。尽情地描绘一下5年后的自己，那时的你在哪里，正在做着什么。如果你做到了，我相信你的人生会有180度的转变，而不再是不好不坏的人生。

04

失败的原因不是没有能力，而是没有目标

不要给自己设立平凡的小计划，因为它没有能够让人热血沸腾起来的力量。所以，去建立一个远大的目标吧，让你的心脏为了这个伟大的梦想而尽情跳跃。

有一位老人在百岁寿辰那天邀请了很多客人来到家中，其中有一位客人这样问道：

“您在这100年的岁月里一定经历过很多很多的变数，每一次面对问题的时候都是如何应对的呢？”

老人听了之后，意味深长地微微一笑。

“说的不错，的确是这样的。为了击退那些困难，我付出了太多太多。”

也许每个人的身体内都有一位这样的老人存在。变化是来自外界的，而我们为了克服这些外在的变化令自己满身疮痍。原因很简单，那就是我们已经习惯了应对变化，而不是让自己主导变化。我们没有理由不成为变化的主体。如果只想跟随变化的潮流过着和别人一样碌碌无为的生活，那你永远都无法成为生命的主人公。如果你想要5年后的自己是与众不同的，那就首先要让自己成为变化的主体，准备昂首阔步迈向另一种生活。

备受全世界瞩目的华盛顿、芝加哥、旧金山以及巴尔的摩等城市，都是在著名设计师丹尼尔·伯恩罕的“城市计划”下诞生的。丹尼尔·伯恩罕曾说过这样的话：“不要给自己设立平凡的小计划，因为它没有能够让人热血沸腾起来的力量。所以，去建立一个远大的目标吧，让你的心脏为了这个伟大的梦想而尽情跳跃。”

如果你读过吉姆·柯林斯的《基业常青》，你会发现许多大企业的优秀领导人都有一个共同点，那就是他们都有别人无法效仿的“远大目标”。也就是说，你在设立5年后的目标时，不能简单地设定成“比现在稍微好一点的生活”，而是要让自己每次想起来的时候都能热血沸腾的目标。人们失败的最大因素往往不是因为没有能力，而是因为没有一个远大的目标。

知道金妍儿第一次获得成人组冠军是在什么时候吗？是在2006年。当时她接受采访时说道：“我会更加努力训练，一定会在奥运会上获得世界冠军。”那时候几乎没有人相信金妍儿真的会在奥运会上赢得金牌，不要说花样滑冰，就连最具有韩国代表性的摔跤和跆拳道想取得冠军也不是一件容易的事情。

韩国甚至连一个像样点的室内滑冰场的都没有，又怎么敢奢望在这样一个不毛之地会有奥运会冠军的诞生呢。但是5年后，金妍儿真的在温哥华奥运会上取得世界金牌，在走上领奖台那一瞬间，她不禁热泪盈眶。不得不说，这5年对她来讲，真的就如奇迹一般。金妍儿把成为世界冠军作为自己的人生目标，并且成为所有人脑海里记忆深刻的运动员。正是因为她远大的目标，才成就了她今日的胜利。

如果说冬季奥运会有金妍儿，那么夏季奥运会就有朴泰桓。

先来讲一讲他悲伤的过去吧。

2004年的雅典奥运会上，有一位默默无闻的东方少年出现在男子400米自由泳的预选赛上，令人遗憾的是因为他过度紧张而导致抢跳，最终取消了决赛资格。大多数观众为他的失误感到惋惜，也有的观众发出了嘲笑的声音。那时的他仅仅15岁，是一个连像样点的答卷都未能交出的少年，只能默默收拾行李，打道回府。然而少年并没有垂头丧气，对于坠入谷底的他来说，再没有什么更糟糕的，等待他的只有进步和光明。终于，在2006年，朴泰桓的时代到来了，一个属于他的“奇迹般的5年”开始了。在2006年的多哈亚运会上，他连续取得了男子自由泳200米、男子自由泳四百米以及男子自由泳1500米的3枚金牌，成为他游泳生涯上第一个三冠王。不仅如此，他还获得男子自由泳100米的银牌，以及男子自由泳接力项目中的3枚铜牌。凯旋而归的他，在脖颈上足足挂满7枚奖牌。

第二年墨尔本世界游泳锦标赛上，朴泰桓成功打破男子自由泳400米亚洲纪录，获得韩国游泳史上第一块世界游泳锦标赛金牌。并且在举世观注的2008年北京奥运会上，他成功达成自己最终目标，获得金牌，给自己的游泳生涯画上了完美的句号。

只有当朴泰桓站在最高领奖台上时，身高看起来才和亚军、季军一样。也就是说，只有183厘米的身高，胳膊和腿是他作为一名游泳选手最不利的因素。和阿格内尔（202厘米）、孙杨（198厘米）、迈克尔·菲尔普斯（193厘米）、保罗·比德尔曼（193厘米）等竞争对手站在一起时，朴泰桓的身高差距是相当明显的。对于一名游泳选手来说，胳膊和腿越长，在比赛中所占的优势就会越大。然而拥有伟大目标的朴泰桓却没有相对的优势，为了成为世界最优秀的游泳选手，他每天都会练习10个小时，所游的距离足足有14000米，在50米的泳池里每天要游140个来回，仅仅在水里的时间就要5个小时。就这样他把自己所有的精力都放在这个伟大的目标上，比起其他同龄人，朴泰桓根本就没有时间去享受除了游泳以外能带给他乐趣的其他东西。然而，更加惊喜的礼物正在5年后等待着他——成为一名世界上最优秀的游泳选手，韩国游泳史上最伟大的英雄。

没有脚本却可以创作出最伟大作品的金妍儿和朴泰桓，有人这样评论他们说："金妍儿和朴泰桓是因为有着普通人所不具备的天赋才能，所以成功对他们来说是自然而然的。"

你是否也和上面的这些人想的一样呢？曾是全职主妇的朴炯美，如今是一名拥有数千名员工的PACOMERI化妆品公司的CEO。成功实现自我变身的她说过这样一句话：

"失败的人不是因为没有才能和资质，是因为他们没有明确的目标。"

我曾经采访过一位非常令人尊敬的大企业领导人，他说过的一段话令我至今难以忘记。

"我连大学都没上过，学习成绩也一直都不好。但是上帝却给了我一份珍贵的礼物，这份礼物是一种才能，可以帮助我集中自己所有的精力和热情去完成目标的珍贵才能。为了不辜负这份礼物，我一直在努力，努力成为一个大企业的员工，并努力成为这个企业的领导人。我们每个人都有着这种平凡且伟大的才能，为了达成目标可以集中自己所有精力和才能，只是有的人没有充分利用好这种才能，才让自己成为了一个无用之人。只要有机会我就会这样问我的后辈们，你不想成为一名领导吗？其实成为领导并不需要具备特殊的本领，只是因为你们没有这个目标所以才没能实现而已。”

金妍儿和朴泰桓并不是天才，他们只是很明确自己想要达成的梦想，并朝着这个目标不断培养自己的能力，所以才会获得最终的成功。正如本杰明·富兰克林说的一样，给予一个人“天赋”的目的是为了让他使用。现在，我再问一遍：

你5年后的目标是什么？

05

从头到脚彻底改变吧

不要把情况和环境作为借口，也不要把失败当做是理所应当的。你所需要的战略只有一个。从头到脚改变自己，为了做好而挣扎，为了成功而努力。

我写这本书的目的并不是为了想要赞扬一些伟大的人和他们的伟绩，而是想通过这些在你身边却没有被你发现的英雄事迹，给你5年后的人生带来一些刺激和变化。虽然故事很平凡，但是希望通过这些给自己人生成功带来转机的人给够给你的今天增加一些特别的影响。

因此我和众多平凡的邻居进行了深刻的对话，并最终找到了很多能够让你惊讶的故事。现在，来听听我的介绍吧。

很偶然的一次机会，我认识了一位住在附近大约45岁的男士。

和他第一次见面是在公园的长椅上，他穿着运动服，样子疲惫无力，看起来和普通的大叔没什么区别（当然，在他看来我也是一样的）。平时运动的时候遇到我们也只是简单地用眼神问候一下对方，然而偶然的一天我们开始了对话。他介绍自己是一位经营小餐馆的老板，我也没多想什么，很自然地问道餐馆在什么地方，结果后来才发现，那个餐馆根本就不小，而且还很有名，停车场从早到晚都会停满车，慕名前来的客人络绎不绝。当然，我也是那家餐馆的常客，他们最有特色的料理是排骨汤。

从那天以后，只要有机会他就会和我说他的人生经历。

在正值事业高峰期的38岁那年，由于中小型企业的生存问题，他被公司解雇。那时的他要照顾妻子和两个孩子，没有什么存款，也没有一项技术本领，虽然坚持不懈地进行面试，但是却始终没有公司愿意接受他。终于在经过几个月的深思熟虑后，他决定开一家小餐馆，因为这是他唯一能够选择的出路。因为没有足够的资金，他只能将房租和装修上的费用最小化，一个地理位置很偏根本无法吸引人眼球的餐馆，想留住客人只能通过好的味道。他认为唯一能够克服地理条件不足的方法就是“美味”，只要来过的客人都觉得好吃，那么餐馆的名声就会越来越好，进而闻名前来的人也会越来越多。因此他时时刻刻都清楚地知道自己要做的是什么，那就是让每一位来过的客人都能记住这里的味道。于是他经过反复的实验，把数十种材料按不同的组合调配，并给周边的亲戚朋友进行试吃，终于调配出了可以抓住客人的新味道。他这样说过，“经过反复思考和实验，我知道了最好的味道其实是来源于食材的。无论一位料理师的能力有多优秀，如果食材不爽口的话就根本无法吸引客人，那再卓越的能力都是无用的。所以说，餐馆真正需要的不是料理师，而是好的食材。”

他一直坚持即使不盈利也要使用最好的食材。正是因为他的坚持，现在的客人越来越多，甚至有很多客人只是为了喝一碗排骨汤，不惜开车一个小时找到这里。在经济如此不景气的当下，很多餐馆都面临倒闭，但他的客人却始终不减，依旧受大家的喜爱和支持。“知道为什么多数餐馆都在招牌上大费周章吗？是因为他们过于执着短期内的盈利。其实没有任何餐馆能在开张一到两年内就获得成功，然而他们却在一开始的时候就把大部分的钱花出去，然后马上开始期待盈利。这样的方式不能说是做生意，根本是在赌博。大部分餐馆都是因此而倒闭的。找到一个好地点，把所有的钱花在房租和装修上，甚至还拼命做广告，然而生意却不如想象的那么好，其实一开始生意就好的餐馆，一百家中能有一家就很不错了。于是问题产生了，他们开始后悔把所有的钱都投资进去，并减少员工来缩减开支。员工一旦减少，服务上势必会出现问题，这就导致了如果客人突然增加，甚至连个点菜的服务员都没有的场面出现。而且更严重的是食材的问题，为了节省成本，食材即使过了保质期也继续使用，并且为了降低价格，品质也开始降低。菜单上的料理也根据食材的情况不断减少，当客人点菜时，常常因为食材不足而无法提供。这样下去还做什么生意啊？倒闭是理所当然的。”

他花费了5年的时间让自己的餐馆步入正轨，“看到过传统市场上做生意的老人吧？他们在数十年间站在摊位旁边做着自己的买卖，看起来天生就像是生意人，并且从头到脚都具备生意人的特质，所以他们才能长时间坚持下来。但是，近年来开始做生意的人大部分都是职场人士，仔细观察你还会发现，这些人都认为自己原本不应该是做生意的人，这一点是不容易被忽略的。试想一下在炎热的夏日里需站在铁锅旁边十多个小时，这是需要一定的勇气的。而且没有休息的时间，衣衫会被汗水浸透，要觉得这种样子是最自然并且最适合自己的才行。还要告诉自己如果不这样想，就会变成一个呆呆望着电话机的没有生意的人。即使有自己一定要坚守的位置，也要抽空进行思考。以前的同事经常会来我的餐馆找我，他们会说我现在总算有点生意人的样子了。而直到听到他们这句话，我足足花费了5年的时间。起初餐馆开张的时候，我告诉自己，只要5年，只要能坚持5年，一切就都会好起来的。随着时间的流逝，我越来越发现当初自己这个坚持5年的想法是多么重要。能够坚持5年，就会坚持10年，能够坚持10年，就会一直坚持下去。”

无论做什么生意，总会有遇到危机的时候。对于一直坚持使用最好的食材的他来说，牛肉、白菜以及辣椒等价格的变动就是他的危机。“每一天的价格都会有所不同，现在想想，其实去市场买菜是件很恐怖的事情。每到那个时候我最先想到的都是一张张客人熟悉的面孔，每当问自己我该做什么、要怎么做时，答案总是十分明确的。那就是不变的味道，不变的食材，我要把客人们喜欢且熟悉的料理端到他们的面前。如果实在无法提供最好的食材时，我会缩短营业时间。为了守住大家都喜欢的味道，这是我不得已做出的选择。庆幸的是客人们都能理解我这样的做法，并且也一直在守护着有这样想法的我，让我很是欣慰。”

他经常对准备创业的人这样说，“把危机当成是你的朋友吧”。无论你是否喜欢，危机总是会来到你的面前，而你要像欢迎朋友一样接待它，并尽最大努力把这份危机转化为机会。当然，这并不是说说这么简单，所以要准备好5年内可以抵挡危机的资金和想法。要想做生意，就要从头到脚把自己变成一个生意人；要想做事业，就要从头到脚把自己变成一个事业人。如果不做好这样的准备和觉悟，那最终只会面临失败。像这样彻底地改变自己，做好新生活的准备，才是你5年计划的核心内容。

还有一位传奇人物也住在我家附近。

结婚十年后，由于丈夫的事业失败，为了生计她不得不从家庭主妇走向事业前线。也许现在的她可以笑谈过去的岁月，但是在那波澜起伏的故事中还是不免会感受到她的悲伤。

“结婚的时候丈夫就已经有自己的事业了，在竞争激烈的时代一直都战战兢兢，最终还是没能幸存下来。”

丈夫破产以后她就走向了事业前线，那时她所选择的生意是“儿童书店”。东借西凑后准备了需要的资金，对于几乎没有社会经验的她来讲，突如其来的生意让她有点不知所措，每天都很紧张，话也变得很少。要想把书卖出去，就要不断向家长们介绍一本书适合多大的孩子，好在哪里。每一天都很辛苦。又没有地方专门教授这项技术，即使有地方教，她也根本没有时间去学，因为抓紧把书卖出去对她来说才是最要紧的。

这时的她发挥了自己惊人的创意能力，连一直做市场营销以及广告宣传事业的我也不禁对她竖起大拇指。

“我从内心深处想把它做成一家深受妈妈们喜欢的爱的小屋，而不仅仅是一个卖书的地方。”

太不简单了，这个想法真的太帅了。虽然她才刚刚开始做生意，但是却完成了一个精彩的任务。在她那间书店里，总是聚集了好多妈妈们，并且有用的消息简直多得惊人。比如哪所学校发生了什么事情，哪个数学补课班的哪位老师教得最好，哪间美术学院最好，哪家蛋糕店的点心最新鲜还好吃，哪个美容室烫发技术最好还便宜，等等。从教育到育儿以及生活情报，这家书店到处布满这样的消息。渐渐地，妈妈们开始喜欢上这家书店，每天都在这里进进出出，谈论着各种各样的消息。书店也成了妈妈们之间有名的地标，她们常常会约在这里见面聊天，自然而然，她们开始注意到书店里琳琅满目的书，于是书店的销售额就这样慢慢升高了。偶然的一天，我听到总经销商对她说的话，“你是这个季度中业绩最好的。”

尝到成功的喜悦的她又开始给自己设定了新的目标，那是她创业后的第二年。书店的空间几乎都被书籍占满了，而就从那时起，她注意到了这些空间。

“有一个想法从我脑海中划过，我觉得我不应该让那些空间里只有书的存在。要是把这些空间布置成一个教室的模样，让孩子们可以一边看书一边学习，会怎么样呢？”

她马上进行了市场调查，并最终确定这个想法是可行的。她认为长时间光顾的妈妈们，再加上简单的网络宣传，应该可以确保客人的数量。结果证明她的想法是正确的，并且取得了不错的成绩。她所建立的“图书教室”以全新的形态提供书籍，帮助孩子们学习知识，获得众多业内人士的认可和支持。之后她又策划了多项以妈妈们为对象的文化艺术节目，都获得了成功，并且正值创业5年之际的她为了复合文化正在建立艺术中心。她对自己的成功秘诀做了如下的描述。

“虽然很辛苦，但是我从没有想过自己会失败。无论如何我都要做好，如果一直想着不要失败，那挣扎后的结果往往也都是失败的。挣扎，也是要为了成功而挣扎。虽然都是挣扎，但结果是不一样的。为了做好而挣扎的人，为了不失败而挣扎的人，这两者从本质上的差异是巨大的，而我属于前者。”

在职场上班的人也是一样的。为了不被开除而努力的人，为了升职而努力的人，这两者的差距也是巨大的。我们制定5年战略的本质就在这里，不是量的膨胀，而是质的转换，我们要以此作为人生的目标才行。仅仅是更多的年薪或者更稳定的职位，建立这样的目标是不行的，要策划一个与迄今为止的人生完全不同的目标才行。最起码这样才能对得起自己不长不短的5年岁月，获得真正意义上的收获。有谁会想到以书店起步的她会成为艺术中心的第一人？人生的奥妙正在于此。能够成功实现意想不到的事情，也许正是我们每个人的生活中最重要的意义所在。

2010年韩国小工商业者调查（共10069名研究对象）显示，个体经营者的结果可谓是冲击性的。“月平均纯收益在100万韩元以下”的占30.8%，“赤字或者无收益”的占26.8%，这两种加起来足足占57.6%。也就是说按照572万名个体经营者进行推算的话，其中约有340万名个体经营者每个月的收入还不到100万韩元。

不仅如此，个体经营者在贷款上应支付的利息也成为了他们的负担。2011年由西江大学现代政治研究所和《明日新闻》共同进行的调查显示，43%的个体经营者都存在5000万韩元以上的欠款，1亿以上的也足足占总人数的28%。

我们要如何面对这样的调查结果呢？首先，我们要明确地认识这样的状况。个体经营者面临这样的困境的原因究竟是什么呢？一般人是这样分析的，在全国经济活动人口中，个体经营者所占的比例远远超过了极限，所以才会导致这样的情况发生。经合组织的国家中，个体经营者在全部就业者中所占的比例基本是16%左右，而韩国却足足达到了32%，是其他国家的2倍，这就是“你我都创业”的副作用。

这也不是完全无法理解的事情，个体经营者所占的比例过高，正是由于我们的社会生活类型过于贫乏而引起的。无论愿意与否，一旦放弃职场生活，那除了自己创业就没有其他的选择。即使知道这样的选择是危险的，即便失败了也会自然而然地接受，那么最终只会坠入谷底。我们要这样想，即使天塌下来也要找到突破的出口，而这个出口就是5年战略。

不要把情况和环境作为借口，也不要把失败当做是理所应当的。

你所需要的战略只有一个。

从头到脚改变自己，为了做好而挣扎，为了成功而努力。试着观察一下你身边有没有这样的人，如果有一天你发现了成功改变人生的他们，也许你也正在加入他们的行列，正在朝着目标前进，朝着梦想迈进。

06

工欲善其事，必先利其器

> 如果让我在1个小时的时间内砍倒一棵树，那么我会花费45分钟的时间去磨斧头。
> 想要得到爱，就要在爱的面前表现自己；想要获得机会，就要让机会看得到自己；想要得到命运的眷恋，就要在命运面前突出自己。

在很久以前，一个大宅子里来了一位新园丁。宅子里种满了来自欧洲各个国家的名花，四周还用绿树做围墙，看起来华丽极了。宅子的主人每天都喜欢坐在最高的阳台上欣赏美丽的园景，并以此来打发时间。然而有一天，主人发现新来的园丁到了下班的时间也没有回家，还在院子里努力的画着什么。主人感到很好奇，就连续几天观察这个新园丁。终于有一天，主人把园丁叫了过来。

“下班的时间都已经过了，你怎么还不走呢？告诉我你在做什么？”

“哦……是这样的，我在院子里的花盆上做了些雕刻，因为我的梦想是成为一名雕刻家。”

青年很担心自己做错了事情，一直不敢抬起头看主人。

“哈哈，我说小伙子，不用害怕。我是因为佩服你的雕刻技术才叫你过来的。你对梦想有着足够的才能和热情，所以一定会成为一名优秀的雕刻家的。”

对青年的才能和热情给予肯定的主人最终把他送到了美术学校，帮助他学习专业知识。而这位园丁也正式开始了自己的美术生涯，他就是日后在梵蒂冈西斯廷礼拜堂创作壁画的米开朗基罗。

这个故事告诉我们什么道理？如果一个人不放弃自己的梦想，不放弃有价值的人生，那么总会有人来帮助他——上帝也好，命运也好，机会也好。

青年A，出生于富有的家庭，毕业于名门大学，并且在屈指可数的名企上班。

青年B，出生于贫困的乡村，在福利院长大，经过资格考试进入地方专科学校。

这两个青年都是我的学生。我去企业做演讲的时候认识了青年A，而青年B则是我现在任职的大学里的学生。

认识他们两个人是5年前的事了，你是否好奇，5年后的他们现在过得怎么样呢？对于5年前的A来说，可谓是过着再好不过的生活了，而对于B来说，像A一样的生活是遥不可及的。

我们先来说说青年A在过去的5年间发生了什么。

第一次遇见A是在一个企业的员工培训讲座上，当时他对我特别关注，因为他想了解一切和我事业相关的经历。那时他对我说，不久之后他就会离开公司并开始自己创业，于是只要一有机会他就会让我给他提一些意见。从专利许可到资金调动、财务、营业以及市场营销，等等，他通过邮件向我咨询了各种各样的问题。于是，他开始把自己所有的一切都投注在这件事情上。然而2年后的一天，我又收到了一封来自他的邮件。让我惊讶的是，他已经事业失败过一次了，并且正在准备第二次的创业。都说文字无法隐藏人的内心情感，通过他的邮件，我明显感受到了他内心的焦躁和不安。而他的视野开始变得狭隘，除了金钱已经什么也看不到了。看见这样的他，我只能站在中立的角度给他提一些意见，告诉他要让自己的道路变得更宽阔更长久一点，然而他完全没有把我说的话放在心上，继续做无用的投资和挣扎，结果是可想而知的。不久之前，我遇到了他过去的同事，他们告诉我他的事业最终还是失败了，并且还走上了经济犯罪的道路。

话说回来，青年B在5年间做了什么呢？

平凡的B有着强烈的愿望，他渴望了解外面的世界，希望能够丰富自己的生活。于是我给他介绍了一个可以拿奖学金出国留学的机会，首先是一次可以进行短期语言进修的机会。在他已经开始工作的姐姐的帮助下，他朝着菲律宾出发了。虽然时间是短暂的，但是那段经历对他来说却是通往新世界的大门。那次回来以后他就开始努力学习英语，所以我又给他推荐了一个新的方案，就是做一名交换生，去中国留学。而他也欣然接受了我的推荐，去中国以后努力学习汉语，而且还试着教中国人学韩语。终于机会降临了，他受邀在中国的某所大学教授韩语，并且在毕业后正式成为了一名韩语讲师。他白天在学校给中国学生讲韩语课，晚上就去补习班继续学习汉语和英语。

5年间，在优越的地利条件下，他熟练地掌握了汉语和英语，并最终回到韩国。衣锦还乡的他在一所有名的语言学校担任讲师一职，而且现在的他下班后也仍在继续学习英语，因为他有着更大的目标。

前几天遇到他的时候，我这样问道，“现在的你5年后的目标又是什么？”他微微一笑，回答我说，“5年前也好，现在也好，5年后也好，我的目标都是一致的。那就是无论在哪里，我都要成为人群中最突出的那个人。如果我一直努力成为突出的人的话，那么总会有人看到我的努力，并且给我帮助。就如教授您一样，带我走向更广阔的世界”。

瞬间，我被他的回答所感动。我突然想到了亚伯拉罕·林肯的一句至理名言，“如果让我在1个小时的时间内砍倒一棵树，那么我会花费45分钟的时间去磨斧头。”当然，这句话是在告诉我们坚持努力的重要性，然而我却想站在不同的角度上分析一下它。

就像上文提到的青年A和青年B，他们每个人都有5年的时间去砍倒一棵树。但是A却觉得比起磨斧头他更想快一点把树砍倒，所以一直处于那种焦躁和不安的状态，并且周边的人也不愿意给他帮助。相反，B把自己的注意力集中在磨斧头这件事上，并且没有盲目地为了达成目标而变得焦急，周围的人看到他的稳重和热情，也愿意给一直努力的他提供帮助。就如宅子的主人一样，当看到米开朗基罗下班后仍在努力练习雕刻的时候，也会不禁想要帮助他实现自己的梦想。

显而易见，成功砍倒树的人一定是青年B。因为他知道，工欲善其事，必先利其器。磨刀是为了日后能够成功砍倒大树，所以他稳重又充满热情地做好一切准备。

想要得到爱，就要在爱的面前表现自己；想要获得机会，就要让机会看得到自己；想要得到命运的眷恋，就要在命运面前突出自己。

5年后的你，正在谁的面前为了突出自己而做着准备呢？

第　二　章

离开陈旧的自己

CHAPTER • 2

如果你一直都奔跑在设定好的轨道里，并且终点站对你来说轻而易举的话，那么我真心希望你能够马上从那条轨道上走下来。因为，真正的人生也许就在那条轨道外面。与其在早已设定好的轨道里奔跑，倒不如朝着外面美丽的世界前行，每次回首时，你都会为自己所留下的足迹感到欣慰。让自己的轨迹变得帅气且迷人吧，给自己一个自由且幸福的人生吧。5年后，你会达到那个曾经让你心仪的终点站。

01

开始破格的想象吧

"If you can dream it, you can do it。"
梦想和想象对你的人生至关重要，因为只有他们才会把破坏性革新变成可能。所以，无论现实中有多少考验，也请你不要放弃想象，要一直抱有梦想，因为只有这样的人才会成为人生的革命家，才会获得最后的成功。

有一位非常喜欢画画的贫穷青年，他的名字叫华特·迪士尼。虽然很喜欢画画，可是他的作品却始终不尽如人意。经常有人这样批判他的画，"我说年轻人，你的画真是糟糕透了。你看看这画上的人脸，根本就不成样子啊"。

他经常为出版社画些插画，以此来维持艰难的生活。然而有一天，当他在看完一场电影以后，突然脑海中冒出一个新奇的想法，"要是把漫画也做成这样的电影会怎么样呢？我想一定能带给观众们同样的欢笑与感动。"

于是他成为了全世界首位动画片制作人。每每想到自己的未来时，他都会感到非常幸福。虽然现实中的自己只是一名普普通通的画家，但是热切的梦想最终带领他走向了成功。终于，以米老鼠作为主人公的动画片诞生了，一直梦想中的时刻成为了现实。如果他把更多的时间和注意力放在画画上，并想以此获得成功的话，那梦想也许只是一场泡影。华特·迪士尼曾这样对世人说过，“If you can dream it，you can do it。”如果你有梦想，那么你就一定会实现梦想。

哈佛商学院的经营管理学教授通过两种方式来区分“革新”以及“革新”所带来的代价。一种是存续性革新，另一种是破坏性革新。所谓存续性革新，就是把原来一秒钟能复印出一张的打印机变成一秒钟能复印成十张的；而破坏性革新是指以一种全新的不同于现有市场的手段，去发掘潜在的市场资源。史蒂夫·乔布斯开创苹果公司并遥遥领先于智能手机市场，这就是破坏性革新的最好的例子。

如果你想建立自己的5年战略，那就一定要牢记破坏性革新的重要性。华特·迪士尼虽然很喜欢画画，但是他并没有选择存续性革新的人生战略，即使他只把目标集中在画画、赚钱上，最终他也不会成为一名优秀的画家，因为有很多比他更出色的人早已经闻名于世了。

梦想和想象对你的人生至关重要，因为只有他们才会把破坏性革新变成可能。所以，无论现实中有多少考验，也请你不要放弃想象，要一直抱有梦想，因为只有这样的人才会成为人生的革命家，才会获得最后的成功。

现在让我来说说世界心理学家麦克斯威尔·马尔茨博士的经历吧。

他曾经做过一次实验，把篮球运动员随机分成A组和B组，并且一直给A组进行特殊训练，让他们一直想象自己能够百发百中；而B组就没有进行过任何训练。结果在正式比赛上，A组获得成功的概率远远超过B组。这就恰恰证明了想象力对现实推进所起到的决定性作用。

存续性革新最终是要被破坏性革新所替代的，所以如果仅仅想要在原有基础上略加进步一点的话，就没有必要给自己制定5年战略了。这样的人即使制定了战略目标，徒劳的概率也是极高的，最终也只能回到人生的原点。“破坏性革新”对我们来说比任何其他的东西都重要，然而有的人，却连想象的勇气都没有。

美国埃默里大学神经经济学教授格雷戈里・伯恩斯，曾在他的作品《常识破坏者》中说过这样一句话，“头脑本质上是一块懒惰的肉团，它不喜欢浪费精力。”

也就是说，人的大脑在本质上更倾向于去处理一些自己熟悉的事物，容易拒绝接收一些新鲜或是还未想到的事物和信息。所以能够有破坏性想象力的人并不多，但是成功却又源自于破坏性想象。

如果你想在5年的时间里向自己的目标前进，那就一定要做好和你的头脑做斗争的准备。要让你的大脑变得活跃起来，大脑有了想象力，你5年后的人生就会发生转变。据说我们每个人在死之前，对大脑的利用率还不到10%～15%，所以我们要努力提高大脑的利用率，只有这样才能将我们破坏性的想象力培养起来。

方法就是用新鲜和陌生的事物填满你的大脑。把你已经熟悉、觉得安稳的以及自然而然的事情从脑海里赶出去，并且替换上那些你不熟悉、觉得不安稳、不理所应当、甚至于令你感到困惑和荒唐的事情。这些被放进头脑的事物可以活用你的“五感”，也就是情报收集器官，去看，去听，去接触，去感受……

为此，你要做的只有一样。

不要每天都和同事在一起，尝试一下去接触陌生的人吧。摄影俱乐部也好，市场营销讲座也好，试着和你不熟悉的人交流一下。也许一开始你会听到有人说："这个人怎么这么奇怪？"但这就是"破坏性"所起到的作用，让你充分感受到陌生的感觉。当然，你会从他们的生活以及他们的故事中找到你所需要的情报。

音乐也好，美术也好，即便你是门外汉也没关系。看不懂也要去美术展，听不懂也要试着去欣赏音乐会。看到安迪·沃霍尔的金宝汤罐头时，你也可以擦擦眼睛说："这也能叫艺术？"。

当你试着去寻找从未见过的风景、陌生的都市、复杂的图画、伟大的建筑、稀奇的树木和你所不熟悉的所有领域的书籍的时候，你就一定会发现，你的世界正在被新鲜感填满。不要通过网络去查询、去了解，因为那里连世界的0.1%都不到。如果你只通过网络这个狭小的视野去观察世界，难道你不会为自己的人生感到委屈吗？

把你的身体和心灵交给99.9%的世界吧，这样你的大脑就会在不知不觉间走向新的道路。在你不熟悉的瞬间或者冲动的时刻，大脑会开始苏醒，"做一些新鲜的事情吧"，"试着与众不同一下吧"。也许不知不觉中，这样的大脑会带给你事业上的创意，或者带你走向你从未预料到的人生旅途。因此，你要让自己的大脑积极地为自己服务，成为自己最好的向导。而这份责任和任务又完全取决于你自己。

从今天开始，在你的日记本上深深记下"破坏性"这个单词吧。

5年战略由此拉开序幕了。

02
即使是1/6800000000的可能也去挑战吧

我们能否得到自己想要的东西，惟一能够决定的因素就是想象力，如果没有想象力，那就连自己想要的是什么都不会知道。试着让你的想法是全世界独一无二的吧，无论那是什么，让它成为1/6800000000。

2005年的某一天，三个正在聊天中的美国大学生，突然产生了一个新奇的想法："有没有一种方式能让大家把自己录的视频也都传到网上，就像音乐MV一样能够随时随地让别人欣赏？"最终，这三个年轻的大学生研究设计了一个网站，可以让大家把自己的视频传到网上，并且可以与任何人分享。而这个网站的名字就是"Youtube"。一年后，这个网站被全球最大的互联网公司谷歌所收购，价值16亿美元。能够在一年的时间里创造出16亿美元的原动力究竟是什么呢？答案无疑是"想象力"。《纽约时报》也评论他们的创意是"年度最佳发明"，就这样凭借独特的想象力，他们三人在一年之内收获了巨额的财富和至高的名誉。

德国著名哲学家弗里德里希·威廉·尼采这样说过："如果想要一个年轻人变得堕落，就要让他去尊敬与自己思考方式相同的人，而不是与自己想法不同的人。"

这句话不仅仅是用来警示年轻人的，40岁的中年人也好，70

岁的老年人也好，都要牢牢记住这句话。史蒂夫·乔布斯一直都在强调“想法的与众不同”所具有的影响力。“为创新的人喝彩吧！因为他们用不一样的方式看待这个世界，才会使得我们的生活发生改变，才会加快人类前进的步伐。”

破坏性想像力的核心是“自由”，也就是说不要被外界条件所束缚。即使你现在的生活受到现实经济以及环境的压迫，也一定要常常抽出点时间来释放自己的思想，让自己养成想象的习惯。10分钟也好，20分钟也好，闭上双眼，尽情飞向自己所想象的世界。总不能因为物质上的贫乏，就连拥抱梦想的勇气都没有吧。

有这样一个青年。

他只是一个出生在乡下的平凡人，但是却一直有一个属于自己的伟大梦想。无论在他睡着还是醒着的时候，他都这样告诉自己：“我一定要成为一个出名的人，一定要出一本属于自己的书，还要在很多人面前做讲座。”

他只要有时间就会策划自己的未来，每一个向梦想投入的瞬间都会带给他巨大的幸福感。然而，每次从短暂且美好的想象中回到现实的时候，他都会觉得无比的落魄和失望，因为除了少数的邻居，身边几乎再没有认识他的人。也许这样的他能够成为名人的概率是微乎其微的，究竟他能不能实现自己的小小梦想呢?

正确答案是“可以的”，他最终实现了自己的梦想。为什么呢？我将会在下文中解释给你们听（即使迫不及待想知道原因，也请忍耐一下吧）。

在这之前我想先听听你们的想法。

如果你是这个青年，为了成为名人，你首先会做什么？

（“嗯……不是很清楚”。一定不要这样回答。）

即使你的答案很稀奇古怪也没有关系。

试着在下面的横线上简单地写一下你的想法。

现在来看看你写的或者你在头脑中所浮现的想法是不是最独特的。全世界共有68亿人口，你的想法是这些人中独一无二的吗？如果是这样的话，那你一定会成为全世界都家喻户晓的名人。如果你的目标是金钱，那你一定会成为百万富翁。

如果你现在是一名职场人士，我相信“想法”对你来说一定尤为重要。因为，你要不断策划出新的方案，每次开会的时候也要发表一些新颖的想法。如果你什么创意都没有，那在别人眼中你就是一个没有能力的人。

如果你是一个生意人，那“想法”就是你的一切。包括你自己在内，公司所有员工能够生存的关键因素就是“想法”。

所以，如果你想改变自己的人生，那就要把“想法”放在最重要的位置上。愚蠢的想法也好，没有用的想法也好，这些都没有关系，重要的是你是否能在身心自由的状态下给自己一次思考的机会。

试着让你的想法是全世界独一无二的吧，无论那是什么，让它成为1/6800000000。当然，这不是件容易的事情，但是一定要尝试去做。记得前文我留下的那个悬念吗？那位除了梦想什么也没有的年轻人最后终于成功了。他的名字是斯科特·金斯伯格，英国著名的历史小说家和诗人。

斯科特·金斯伯格为了实现自己的梦想，一直在坚持着自己的想法。

他首先试着让自己在人群中变得显眼，但是正如前面所说的一样，他是一个平凡的人，这对于他来讲不是容易的事情。但是他通过自己惟一拥有的东西创造了一个新颖的想法，那就是他的名字。"是的，我珍贵的名字，我热爱的名字，父母送给我的充满幸福的名字。对，我现在要让大家都知道我的名字。"

斯科特·金斯伯格把自己的名字贴在了自己所有的衣服上，左胸前时时刻刻都会显示着大大的"Scott"。外套上有名字，脱掉外套衬衫上也会有，脱掉衬衫的话内衣上还会有，内衣脱掉的话呢？没错！人们还会看见一个纹身"Scott"。

于是每次遇到人的时候，斯科特·金斯伯格都会开始自豪地介绍起自己的名字。

因为这个独特的想法，斯科特·金斯伯格开始被人们称为"名牌青年"。渐渐地，身边的人开始认识他，全国的人也知道了他，甚至全世界都开始关注他。当然，所有的这一切都源自于"想法"和"想象力"。与众不同的创意开始让他的名字被人们所熟知，起初作为一个特别的青年出现在地方报纸上，后来被邀请去中央新闻和全国各大电视台，慢慢地不仅仅是在英国，全世界的人都开始注意到他。

终于，他发行了自己的第一本书《您好，我的名字是斯科特》，一上市就成为全球畅销书籍。因此他变得更加出名，于是邀请他的讲座也接踵而至，很多企业和团体组织都想学习他的挑战精神和实践精神。此后，他还成为了一名CEO，旗下共有六大企业体，圣路易斯市政府还为他颁发了“青年企业家奖”。迄今为止一共创作了12部作品的斯科特·金斯伯格成为了世界上最忙碌的演讲家和作家，他的梦想在自己的努力下都得以实现了。

通过“斯科特故事”我们能够明白很多事情。

第一，不要纠结于现实，要执着于梦想，只有不放弃自己的梦想我们才有可能实现梦想；

第二，如果想实现梦想，就要不断进行思考，还要有创意的思考。

也许有人会说，“只要有梦想，就一定会成功。”我的想法有些不一样，我们不能只停留在做梦的阶段，要有实现梦想的具体“想法”，也就是“想象力”。正如1/6800000000的主人公斯科特·金斯伯格一样，“想法”是最重要的。

爱因斯坦说过，“想象力比知识更重要，知识是有限的，想象力可囊括世界。”这恰恰强调了所有成果都是起源于想象力的。

我们每个人都需要想象力，不仅仅是平凡的斯科特，也不仅仅是天才物理学家爱因斯坦，想象力对所有人来说都是至关重要的。一个人想要活出自我，想让自己的人生变得更加丰富精彩，他最需要的就是想象力。假如一个人不在乎想象力的作用，那就等同于他已经认可了一个没有自我且平淡无奇的人生。如果一个人的一生中都无法实现自己的理想，无法按照自己的意愿生活，也无法遵从自己的心意，那这样的人生是多么可悲啊！

美国著名企业家查尔斯·凯特灵（**世界上最早发明出自动起动机的发明家，通用汽车公司的创立者**）认为，想象力在日常生活中所起到的作用也是很大的："我们能否得到自己想要的东西，惟一能够决定的因素就是想象力。如果没有想象力，那就连自己想要的是什么都不会知道。"

我们始终没有找到新的人生转折点，是因为大家都对想象力这个词有了疲劳感。从小就有很多人告诉我们，不要想一些没有用的事情，多花点时间在学习上，如果不能上名校就不能成为公务员或者医生，那样的话你的人生就是失败的。我们好多人都是在这种意识的影响之下成长的。在这样的环境下，任何人都没有时间去想象，因为想象就是妄想，是在浪费时间，甚至还会让人感到内疚，因为有想象的时间还不如多去背几个英语单词。就这样，喜欢想象的人经常被人说成是异想天开的懒人。

结果就是我们的人生变得寸草不生，机械性地学习再学习。即使今天的我们有着发达的科学技术，但是却仍然缺乏灵魂的滋润和哲学的睿智。史蒂夫·乔布斯这样说过："如果给我一次可以和苏格拉底交谈的机会，我愿意用整个苹果公司交换，哪怕只是10分钟也好。"

如果你对成功的理解和别人不同，那就意味着你已经掉队，而这样的社会也渐渐变得封闭、呆板。他人的目标即是你的目标，他人读什么书你就开始读什么书，你开始挑选和别人一样的工作方式和手段，把别人的目标深深记在心里，使用别人选择的战略。所以，我们大家都掉进了想象力的贫民窟中。但是现在知道了也为时不晚，因为你知道了问题根源的所在，所以只需要拿出你隐藏的力量，朝着新的变化前进即可。

想象力是特别的人们专有的东西吗？答案是肯定的。并且我要告诉你，你就是特别的人，因为从出生开始你就是特别的，与众不同的。比如说，你此时此刻正在想的就有着1/6800000000的价值。人只要活着就是一样的吗？不是的，根本不可能是一样的。即使饥饿感对所有人都是一样的，但是每个人想吃的食物却是不一样的，调配的方式不一样，旁边的副食和辅菜也是不一样的，甚至想和什么人、在哪个地方吃都是不一样的。

也许你的想法会很微不足道，就如“怎么样才能把太阳光遮挡起来”一样。但是尽情发挥想象力的你有可能就是第二个YouTube的创始人，也有可能是第二个斯科特·金斯伯格。任何人都不可能绝对地来否定这件事情的可能性。无论这个想法多么微不足道，你都会充分感受到它给你带来的影响，生活变得舒心，人生变得有意义，朝着幸福一步步前进。所以尽情想象吧，无论你的想法是什么。然后，把它们记在日记本里。如果每周写下一个的话，5年的时间里你一共会写下260个，在它们中间一定会有你的宝藏。即使当下无法让你放出光芒，但总有一天它们会帮你实现梦想的。

现在知道5年战略的灵魂是什么了吗？就是“想象力”。

03

就是因为什么都不做才导致最终的失败

“人在行动的过程中难免会遇到失败，但是如果你什么也不做的话，就只能一直失败。”我们一直失败的原因其实很简单，就是因为我们什么也不做。

5年战略最大的敌人就是“冷笑”——你习惯性给自己的嘲笑。冷笑会一直抓住你跳跃的脚步，让你没有办法前进。如果放任不管的话，它会迅速地在你的人生中扩散，变成毁掉你的魔鬼。所以在它变得强大之前，你要把它扼杀在摇篮之中。

早上该上班了，你却还在睡懒觉。你想：“又迟到了，我就这样，怎么了？！”

在马上要下地铁的那一刻门却关上了。你想：“我总是这样。”

上班时间早就已经到了，小心翼翼地走向座位，却正好让部长撞见了。你想：“我真是个倒霉的人。”

公司发布了“创意大赛”的消息。你想：“就是参加了也轮不到我得奖。”

下班以后和同学聚会，听说有个同学炒股赚了很多钱，于是自己也心动了。“好吧，要不我也试试吧？嗯……股票都已经涨得差不多了，我现在加入的话还有用吗？不过话说回来，这个同学可真是够幸运的了。”

和5年前开始创业的朋友一起吃晚饭，他获得了很大成功，结账刷卡的时候眼都不眨一下。“一开始还喊着多么辛苦，现在算是找到自己的位置了吧。啊，要不我也创业试试？不过钱怎么办呢？什么项目会好一点呢？哎，算了吧，创业对我来说还是……”

虽然这并不是我所希望的，但是我想一定有很多人对这个话题产生共鸣了吧。现在的你还在疑惑吗？到底是为什么事情疑惑？是对自己的能力，还是对这个世界？

列夫·托尔斯泰这样说过：“人人都想改变世界，但是谁也不想改变自己。”

这句话是在警告人们，如果一直怀疑自己且犹豫不前，那最终只能成为碌碌无为的人。

艾伦·韦伯曾任《哈佛商业评论》（Havard Business Review）总编辑，并创立了美国最富盛名和最具影响力的商业杂志之一《快公司》，该杂志与《财富》《商业周刊》《华尔街日报》等媒体成为美国乃至世界商业（经济）领域的主流媒体。艾伦·韦伯这样说过：“多多提问是有益的，创业家和革命家在开始创造新事物前，常常会用提问的方式。例如：这样做怎么样？这样为什么不行呢？”

是的，现在的你就要放下对自己的冷嘲热讽，开始提问吧。这些问题是帮助你找到“破坏性想象力”的必经之路。接下来我给大家讲一个故事，故事的主人公就是通过自己果敢的想象力取得了巨大的成功。

26岁的加拿大青年凯尔·麦克唐纳从“这样做怎么样”的提问开始出发，通过新奇的想象创造出了影响自己一生的项目。

这个想法就是“物物交换项目”，用很微不足道的东西换取既大又昂贵的事物。凯尔·麦克唐纳以一枚曲别针展开了这个新奇又有趣的项目。一枚曲别针到底值多少钱呢？好吧，为了方便交易就姑且定为10元吧。

现在，我们按顺序来看看这枚值10元钱的曲别针在“物物交换”中都进行了什么交易吧。（**请没有耐心的读者注意一下，后面将会有你意想不到的结果。**）

第一次交易，2005年7月14日　温哥华

凯尔·麦克唐纳在网上发布了消息，标题是“一枚曲别针开始的物物交换”。消息刚刚发布就有人主动开始参与，交换物是一支鱼形状的钢笔。这是第一次交换。

第二次交易，同一天，美国西雅图

凯尔·麦克唐纳花费三至四小时的时间来到西雅图，用鱼形状的钢笔和手工制品门把手进行了交换。

第三次交易，2005年7月25日　马萨诸塞州

手工制品门把手和野营火炉进行交换。

第四次交易，2005年9月24日　加利福尼亚州潘德顿海军陆战队空军基地

一名海军用发电机和烤炉进行交换。

第五次交易，2005年11月16日

发电机与“晚会邀请函”交换成功。

第六次交易，2005年12月8日

“晚会邀请函”与一名喜剧演员的机动雪橇交换成功。

第七次交易，2005年12月14日

喜剧演员的机动雪橇和飞往英国哥伦比亚州的2张飞机票交换成功。

第八次交易，2006年1月7日

飞机票和极限卡车（cube van）交换成功。

第九次交易，2006年2月22日

极限卡车在多伦多与“唱片合约”交换成功。

第十次交易，2006年4月11日

“唱片合约”与“菲尼克斯公寓一年租赁权”交换成功。

第十一次交易，2006年4月26日

“菲尼克斯公寓一年租赁权”和“与欧美著名摇滚歌手艾利斯·库柏共度半天的机会”交换成功。

第十二次交易，2006年5月26日

该机会与刻有美国著名摇滚组合KISS代表标志的雪花水晶球交换成功。

第十三次交易，2006年6月2日

雪花水晶球与能够出演电影“唐娜的要求”的机会交换成功。

第十四次交易，也是最后一次交易，2006年7月5日

出演电影的机会与加拿大萨斯喀彻温的一套双层公寓交换成功。

下面来简单整理一下这个过程。

在仅仅一年的时间里，凯尔·麦克唐纳通过十四次交易，用一枚曲别针成功换取了一套双层公寓。

凯尔·麦克唐纳在自己的博客上公布了这次“物物交换项目”的消息，这个事情受到了大家的充分关注，最后也取得了令人惊讶的结果。

的确很惊人，这就是“试试”的力量。“能行吗？”不要总是给自己这样否定的想法，要用积极的态度告诉自己：“也许这次就会成功的，试试吧！”或者：“一定可以的，试一次就知道了！”

青年凯尔·麦克唐纳说过这样一句话：“即使你的想法简单得所有人都能理解，但是只要你试着去做，你的人生就会变得不同。也就是说，最重要的是你是否愿意尝试去做。”

是的，试着去做。那么，要做什么？又要怎么做？想法要怎么获得呢？

问题的答案只有一个。

“就在你眼前。”

下面我再来介绍一个人。

21岁的英国大学生亚历克斯·图，他在5个月的时间内赚取了100万美元，而这一切都源于他一时的想法。到底是什么样的想法降临到他的眼前，能使得他在这么短的时间内获得如此巨大的成功呢？

这个伟大的想法就隐藏在“广告”当中。我们每天的生活中，接触很多的广告。打开网页，数也数不清的广告会跳入我们的眼球。

这个价值100万美元的想法是再简单不过的。

首先他建立了一个网站，并且取名为“百万美元网页（www.milliondollarhomepage.com）”。

然后，将网页上的所有空间划分为很多小单位，并以单位的形式进行销售，一个单位的售价是1美元。因为一个单位非常小，所以一般情况下要买100个单位才够用。渐渐地，亚历克斯·图的网站就像棋盘一样，慢慢被入驻的广告填满。最终，网站上的100万个单位全部被他销售完毕，而他想要赚取100万美元的想法也成功得以实现。对于很多人来讲，无论他们如何努力工作，甚至数十年的时间也未必能够赚取到100万美元，然而，亚历克斯·图却在短短5个月的时间里做到了。他凭借眼前一时的想法就改变了自己的人生，年龄仅仅21岁的平凡大学生转眼间成了百万富翁。

进入这个网站你会发现，各种各样的广告排得密密麻麻的，并且好像都在争先恐后的映入你的眼帘。如果你把鼠标放在某个广告上，旁边就会显示出一个简单的介绍，而且如果点击一下该广告的话，你就会直接进入到该品牌的官方网站。亚历克斯·图的想法不仅简单，而且网站的操作也很便捷。这恰恰印证了史蒂夫·乔布斯那句话，“一旦做到了简洁，你将无所不能。”

亚历克斯·图的想法在实施的过程中并没有花费很多资金，如果是懂得网页设计的人，那这样的网站在几天的时间里就能够完成了。

到底是什么样的魅力吸引众多企业都来购买“百万美元网页

（www.milliondollarhomepage.com）”广告位呢？整个网站被数也数不清的广告条布满，就像纽约繁华街道上的大型电子屏幕一样，华丽，色彩斑斓。在线游戏，旅行社，电脑，珠宝，时装，贷款，购物中心，宾馆预订，大学，高级度假村，销售公司，等等，数千条广告呈现在人的眼前，就像走迷宫一样，受好奇心的牵引，让浏览者不禁对这个网站产生极大的兴趣，点击一个又一个（我也是因为好奇心的缘故，在两个小时的时间里点击了很多广告条）。

亚历克斯·图这样说道：“一开始我自己也怀疑这100万个广告位到底能不能卖出去。虽然目标是100万美元，但是当时的我觉得即使能卖出去1美元，我也可以说是成功了。然而很多企业都觉得我的网站很有特点，虽然简单，但却很吸引人，而且无数的广告却完全不会给浏览者带来垃圾广告的感觉，我想这也是为什么我能够成功的秘诀吧。我这个想法一共花费了不到20分钟的时间，随着越来越多的人开始关注我的网站，我收到的钱就变得越来越多。而且随着我赚到的钱越来越多，我的网站也开始被别人称为是划时代的里程碑，我的想法也被称为自我延续想法（self-perpetuatingidea）。”

好的想法会衍生出热门话题，热门话题会带来金钱利益，而金钱又会制造出新的话题。这就是“自我延续想法”的本质。对于现在出现的很多类似的网站，亚历克斯·图说道：“因为这个想法最初来自我这里，所以大家都把注意力集中在我和我的网站上了。虽然我也希望其他的网站能够有好的运气，但是结果……真的会成功吗？”

想象力的世界是充满吸引力的。新鲜的事物，惊奇的事物，有趣的事物，真实的事物，能够改变人生的事物，等等，所有的这一切都是想象力的产物。现在，请你快点进入想象力的世界吧，不要再问自己“我能行吗”和“我有什么本事能……”等类似的冷嘲热讽的问题，取而代之的应该是“我为什么不行”或者“只要做就能够成功”这样的想法。如果你想尽快改变自己的人生，那就从现在开始行动吧。

还有一点要记住。在你尽情想象后，来到决定性的瞬间时，如果你对这次的想法（想象、创意、构思等）最终的判定是认可的，那就请你即时开始实践吧。“给自己深思熟虑的时间吧，但是当行动要开始时，就请你停止思考，开始向前奔跑吧。”拿破仑用一生的行动证明了这句话所蕴含的意义，他所有的伟绩都是源于“思考停止后的力量与勇气。”

抛弃对自己的冷嘲热讽后，为了成功，你会很自然地开始思考如何“行动与实践”。没有任何人能够每件事都获得成功，更没有人什么都不做就获得成功。诺贝尔文学奖得主罗曼·罗兰说过：“人在行动的过程中难免会遇到失败，但是如果你什么也不做的话，就只能一直失败。”

我们一直失败的原因其实很简单，就是因为我们什么也不做。

04

偏离轨迹的人生也是人生

如果你一直都奔跑在设定好的轨道里，并且到达终点对你来说轻而易举的话，那么我真心希望你能够马上从那条轨道上走下来。因为，真正的人生也许就在那条轨道外面。与其在早已设定好的轨道里奔跑，倒不如朝着外面美丽的世界前行，每次回首时，你都会为自己所留下的足迹感到欣慰。

“人生。”

看到这个单词的时候你最先想到的是什么呢？是你自己，还是其他的什么人？现在没有什么比你的人生更加重要。你所在的地方就是你人生的舞台，而你就是舞台上的主人公，周边的那些人只是你人生中的配角。如果你能抱有这样的想法，并且将它一直延续下来，那么你就可以得到“自我主导的人生”。

然而事实是，我们总是对身边的人左顾右盼。有时候会羡慕那些成功的人，有时候会感到失落不安。常常会将自己和他人进行比较，然后陷入纠结。法国著名作家弗朗索瓦·德·拉罗什富科这样说过：“有的人一直坚信自己有着他人无法超越的特殊本领，这是他们的错觉；相反，有的人一直以为自己什么都不如他人，这其实是更大的错觉。”

也就是说，因为他人而自我纠结的做法，其实只是在浪费自己的情感。每个人的人生都不相同，大家的目的地也不相同，所以此时你所属的坐标也自然不同。所谓“坐标”，就是指“我现在所属的位置”。所以，当你决定制订长期的人生计划时，一定要有明确的“坐标意识”，这一点对于你来说至关重要。再次强调一遍，你一定要明确自己现在所属的位置。

迄今为止，我一共负责过一千多种产品的宣传以及销售。为了成功宣传这些产品和企业，我始终抱着一个出发点，那就是在众多形形色色的企业或品牌中，我一定要弄清楚他们的“坐标”。即“现在这个产品要放到市场上的哪部分才合适”、“要如何才能抓住消费者的心理”，只有对这些问题做好充分的分析才能继续下一步棋。如果不这样做的话，就不要去期待任何结果。一个连自己站在哪里都不知道的人，又如何能知道自己的方向在哪呢？就像在茫茫大海上航行的船只一样，不清楚地知道自己的位置，又如何扬起风帆呢？

也就是说，这艘船一定要清楚地知道自己在太平洋的哪个位置，风向是什么样的，潮流的情况是什么样的，发动机是否良好，燃料还剩多少，燃料如果用完的话还有没有船桨，如果有船桨的话有多少根，食物还剩下多少，等等。

现在就来说说在韩国“海上航行的船只”的故事。

职场上的年轻人士正在逐年递减，现在是所谓的“三八线”时代。到了38岁，很多职场人士开始意识到自己不能再留在公司里了，于是便陆续辞职。

这些人说自己生活的每一天都很痛苦，甚至像地狱一样。曾有一家媒体调查过韩国职场人士的幸福指数，结果显示平均分数还未到65分。虽然也预料到分数不会很高，但是这样低的分数还真是让很多人吃惊不已，可以说这是一个不及格的分数。

我曾有过一次记忆犹新的坐地铁的经验。可能是因为正好赶上下班高峰期，地铁里挤满了人。我仔细观察了一下大家的表情，从这些表情中我知道了价值65分的幸福指数是什么样的。即：没有目标，没有希望，也没有长远计划，只是用苍白阴沉的目光一直盯着手机，既而打发时间。

那天从地铁的人群当中走出来以后，我陷入了沉思。经过几个月的思考，我终于找到了头绪。一边整理自己的想法，一边在脑海里浮现出一句话：

“第二人生。”

是的，这个世界上每个人的人生都是惟一的。然而，世界正在剧烈变化，所以为了适应时代的发展，我们至少要迎接两次人生。也许这个选择迫不得已，也或许是你为了追随时代而做出的有计划性的选择。也许有的人是因为从众而被推向第二人生，也许有的人是因为详细的计划而开始了自己新的人生。

我写本书的目的正是为了后者，为了他们的人生，时代产物下的第二人生。

真正的第二人生，是要和自己的目标合为一体，不受摆布，能够按照自己的意愿而生活。

也许你要问，整个社会都无法解决的问题，一个人能解决吗？我很确定这是可以的。只要你有彻底的决心和钢铁一般的意志，并且无论遇到什么困难都不会后退，你就一定能够做到。即使社会不能给你任何帮助，你一个人也可以做到。

我就是凭借自己的力量，创造了和第一人生完全不同的第二人生。

下面简单介绍一下我的经历。

我是一所大学的教授，负责给学生们讲课的同时，每天也会抽出时间写点文字，所以还是一名每年都会出一两本书的作家。经常给不同的企业做演讲，每个月还通过网上视频给数百人讲课。

身边的人经常问我，如何同时做这四件事情。而我每次都会这样回答："因为每一件事情都是我强烈渴望的，所以可以同时做到。"

然后我会听到他们有些讥讽的疑问："只要是强烈渴望的就一定会成功吗？还是说你有自己独特的秘诀？"

对于这个问题，我这样回答："当然，就算把你想要的东西像目录一样按顺序记下来，然后迫切地许愿，成功也不会像魔术一样瞬间就实现。重要的是你要在其中一个目标上集中自己的精力，而一旦尝到了成功的滋味，你就会很自然地积累下阶段所需的能量。所以说开始是很重要的。"

是的，每个人都能够做到。但是所有的目标都不可能同时实现，要从小的成功、小的成就开始。

那么下一步呢？

然后，你就会产生信心，相信可以如自己想的那样去生活。这就是小的成功带给你的强大力量，从那时开始，你的信心就会牵引着你，"只要是我想要的，就一定可以实现。"

是的，我对自己的目标有着强烈的渴望，而且通过最初小小的成就，我获得了信念和意志的全力支持，让我拥有了可以成功的强大力量。从那之后，真的就像魔术一般，“只要是我想要的，就一定可以实现”。

我现在所做的每件事都是我曾经的梦想和对未来的美好憧憬，它们是我曾经在脑海里反复描绘并且一直珍藏在心底的美好愿望。而这个梦想和未来就是我现在的人生。

我所做的事情无疑是每个人都在做的劳动中的一种（通过时间和努力，这件事情会得到相应的报酬），然而即便如此，我更为自己的劳动能带给自己自由而感到欣慰和幸福。

从时间和精神方面来看，也不能说一点压迫感都没有。然而它们会自动地在我体内转化为“能够帮助我提升自己的有趣且愉快的动力因素”。他们给我的情感带来喜悦，所以无论花费多长的时间，我都不会觉得辛苦。

我认为这才是真正的人生，不受他人的操控摆布，完全按照自己的意愿去生活。而我，正活在这样的人生中，一个我一直梦想一直渴望的“充满创造性的我的人生”。

人生当中，能够区分“真的人生”和“假的人生”吗？如果是二十岁的我，我可能会回答“不能”。然而，对于现在已经四十多岁的我来说，我认为是“绝对可以区分”的。所以我现在能够自信地说出自己的人生是“真正的人生”。

真正的人生就是“活出自我的人生”。为了自己的追求而工作，因为工作而得到回报，这样的人生就是最具价值、最让人感到幸福的人生。可以珍惜自己的每一天，也无论外界带来多大的刺激都能守住自己的信念。尽情描绘自己的人生，尽情享受自己的人生，这难道不是“真正的人生”吗？

现在，我不会垂涎任何人的人生。只不过如果有可以学习的地方，我仍会低下头虚心学习一下。

只要是有可能的事情，我就不会提前放弃。我总是要跨过那道名叫放弃的门槛，直到实现自己的目标为止。而且，无论一件事情的可能性是多么微小，我都坚持告诫自己，“只要有可能就一定可以做到”，所以总在不断向自己的目标挑战。

正因为如此，我才能过着自己所憧憬的自由生活。对于我来说，所谓的自由生活，不是指可以开着高级车去打高尔夫球，也不是类似的高端享受。我的自由生活是指可以不被外在因素所束缚，尽情做我自己想做的事情，做我喜欢的工作。

我的生活中也曾有过失落和挫折。对于一名平凡的小员工来说，每个月只拿着微薄的工资，负责的工作也不适合自己，做不出像样的成绩，也渐渐没有了期待。公司领导甚至还会在所有人面前公开评价我的能力不足，这让我对工作失去了士气和热情。而且，无论我多么努力，但是如果没办法讨取领导的欢心，也还是没有人认可我，那样的我就是一个没有任何存在感的小员工。然而我还是告诉自己要咬紧牙关，一定要让自己出人头地。终于，慢慢地，我克服了众多困难，得到了能够让自己被认可的机会。然而，刚刚开始受重视，我的公司却又倒闭了。因为销售额不理想，很多有能之士都离开了公司。

那时候我满脑子都是一个想法：“这明明是我自己的人生，为什么我要受别人的摆布，呼之即来，挥之即去？我就没有办法按照自己的意愿活着吗？到底要什么时候才能不受别人的束缚过日子呢？”

在看不到一丁点希望的生活中，我给自己的是完完全全的否定。我相信你也一定有过类似的感受。

就像被人狠狠摔在地板上一样狼狈不堪，像是失去了重要东西一样落寞沮丧，甚至连走路和说话的力气都没有，莫名地憎恶一个自己连名字都不知道的陌生人，等等。那时的我就是被这样种种的负面情绪所包围，让人喘不过气来。

然而有一天，一个词语突然闯进了我的脑海里。它一下引起我的注意，和我那时的情感相冲突，并产生摩擦。

这个词就是“自主的人生”。

我反复琢磨这个词语，数十遍，数百遍地想。“自主的人生？什么样的人生才算是自主的？自主地活着吧！自主地生存吧！我也能拥有自主的人生吗？”

从那天之后，我的心里就燃起一丝火苗。从结论上来看，那丝火苗现在已经成长为了火花，正在剧烈燃烧。我果断地递交了辞职申请，开始去做我认为有可能实现的事。而那些事，是和我当时的人生完全不同的。在不安和恐惧中，我又果断地开始创业。而且开始学习新的知识，虽然起步有点晚，但是我很明确当时的自己要做的是什么。于是我开始写书，开始到处演讲。那段时间我承受了巨大的心理压迫和精神压力。

所有的一切对我来说是生疏的，我会感到害怕，觉得困难和辛苦，但是“尝试去做”成为了我惟一的出路。我相信自己的人生，“我也要过自主的人生”，这样强烈的渴望和热情不断牵引我迈出前进的脚步。

于是这艘名叫“我的人生”的船只开始驶向浩瀚大海，每次当孤独和恐惧来袭时，我都会倍加感受到自己对人生的热爱和责任。因为不知道前方会有什么样的困难在等待着我，所以越是迷茫我就越是要告诉自己需要学习更多的知识。只有这样我才能找出自己前进的方向，即属于自己的“真北”。那不是他人随便用手指一指的方向，而是我自己明确的要前进的方向。于是在那样的生活中，我渐渐明白了一个真理，一个可以影响我一生的训诫。那就是：“人生的真北只有一个，没有备份。”方向只有一个，我要前进的方向不受任何人的影响，任何评价都与我无关，只要我自己重视“真北”就可以了。有了这样的觉悟，我就可以开始一个与之前完全不同的人生，也就是我的“第二人生”。

不仅更换了职场，改变了自己所从事的行业，还改变了自己的代名词。生活的地方开始变得不同，每一天都变得不一样。然而，最重要的变化是我们正处于自己追求的“价值”之中。如果我们不改变自己的“价值”，那么职场也好代名词也好，都不会有所改变。而且，就算是改变了，那样的人生也不会让我们感到满足。因为一个没有实现自我“价值”的人，会一直垂涎别人的人生。

告别已经熟悉的“第一人生”，向着完全陌生的世界——“第二人生”出发，这对每个人来说无疑都是充满焦虑和不安的。但是只要你有充分的觉悟，有明确的价值观，那就一定可以改变你的人生，一定可以朝着你梦想的方向前行。

这个世界上有太多的人已经为我们做出很好的证明，他们都战胜了自己的极限，并且成功克服了来自外界环境种种的压迫和困难，最终实现了具有价值的人生。我们都清楚地知道，这一切都源自于成功者彻底的觉悟和勇往直前的信念。我们每个人都有资格按照自己的意愿去生活，不受任何人的影响，不被外在环境所制约。而且，我们也有足够的能力去实现自己的梦想，去过自己想要的生活。

“第二人生”并不遥远，它就在我们的身边。也许只有几步的距离，你就能够到达。但是如果你蒙蔽自己的双眼，不去看，不去追寻，那你永远也到达不了；如果你看到了，却不迈出前进的步伐，那你也永远不会踏上那片“第二人生”的土地。

睁开你的双眼吧，同时勇敢迈出第一步，不远的前方就是你灿烂的人生，“第二人生”正在那里等待着你。

如果你一直都奔跑在设定好的轨道里，并且到达终点对你来说轻而易举的话，那么我真心希望你能够马上从那条轨道上走下来。因为，真正的人生也许就在那条轨道外面。与其在早已设定好的轨道里奔跑，倒不如朝着外面美丽的世界前行，每次回首时，你都会为自己所留下的足迹感到欣慰。

让自己的轨迹变得帅气且迷人吧，给自己一个自由且幸福的人生吧。5年后，你会达到那个曾让你心仪的终点。

05 港口是为了要离开的人而存在的

船总是要出海的，这是它们的命运。无论多大的风浪，他们都必须前行。就像一直停靠在港口的船舶不会有收获一样，人生也是如此。人如果安于现状，只满足于眼下的生活，那就不会有任何的期待与希望。

港口是安全的，与停泊在港口的船只比起来，漂泊在海上的船只自然是要面临众多危险。然而船总是要出海的，这是它们的命运。无论多大的风浪，他们都必须前行。就像一直停靠在港口的船舶不会有收获一样，人生也是如此。人如果安于现状，只满足于眼下的生活，那就不会有任何的期待与希望。因而，没有期待与希望的人生会渐渐衍生出很多空想。所以我们的人生一定要准时出航，5年战略是我们出航时的风帆，不是停泊时的旗子。

海伦·凯勒说过："安稳只是幻想。人生只有两种，要么是冒险的人生，要么是碌碌无为的人生。安稳，这个定义本身就不存在于大自然中。每个人都没有办法过安稳的人生，所有的子孙后辈也一样没有办法。一味的躲避也不能保障我们不会陷入危险之中，所以结论就是，没有绝对安稳的人生。"

我是1968年出生的，学号是87号。如果这样介绍自己的话，就会马上发现大家彼此之间的差异或者相似之处。

1987年，20岁的我开始了崭新的人生。十年寒窗苦读后，我终于来到了自己向往的大学。虽然他人眼中的我是再平凡不过的，但是我却为自己感到满足，因为我终于可以尽情展开梦想的翅膀，充满活力与热情地向着新生活前进。

从那时起十年过后。

1997年，30岁的时候。

我再次进入了新的生活。离开安稳的大公司，开始创业。30岁的我最终选择放弃自己从事已久的职业。

我想要在自己想要的环境里做自己喜欢的事情，不受任何束缚，尽情发挥自己。这就是我离开公司的主要原因。当然，你可能要说在公司里也可以做自己喜欢的事情，也可以去自己喜欢的地方，没有他人的妨碍。但是我的风向标告诉我，那里不是我要到达的地方，因为我的热情远远高于那时的现状。

然而接下来我的热情却遭到了意料之外的打击，我强烈渴望的自由并没有如约降临到我的身旁。我相信所有人应该都记得1997年的IMF金融危机，我的公司也没能幸免，同样遭受了强大的打击，全体员工战战兢兢地度过每一天。就像是消费者们都强烈盼望的那样，众多小企业都蒙受了巨大的损失，而他们却不会从钱包里拿出一分钱来。那是我生平第一次为自己感到委屈，不断问自己为什么好的运气从不光顾到自己身边，只有一波又一波的困难不间断地出现。

即便如此，我也从不后悔30岁的自己所做出的决定，反而1997年对我来说是最有意义的一年。这一年留给我的印象最为深刻，是我发展变化最大的一年。正如“磨难锻炼人的意志”这句话一样，这一年给我的人生赋予了更深层的含义。

无论是谁的人生，每个人都有自己的分水岭。那分水岭到底是什么呢？每座山顶上都会有雨水落下，而落下的雨水可以向左流动，也可以向右流动。向左的水流会慢慢向东海流去，而向右的水流会向西海流去，最终汇合在一起。这就是分水岭。

我人生的第一个分水岭是20岁的时候，那时的雨水是落在了一座小山上，30岁的时候是落在了一座高峰上。其实雨水落到哪个地方并不重要，重要的是你选择了哪个分水岭，决定才是最重要的。没有人既能选择东海也能选择西海，你必须要选择其中之一。如果你觉得东海是你的选择，那就要竭尽全力向东海汇合。对于那时的我来说，惟一的想法就是要告别只拿微薄工资生活的日子。所以我的分水岭是选择了一条与别人不同的路，走向我想要的生活。当然，这条路注定是孤独的，要我一个人走下去的。

如果我没有在分水岭选择那条只属于自己的道路，而是选择了走大多数人的路，那现在的我会是怎么样呢？答案很简单。那就是直到现在我仍然在寻找自己想要的究竟是什么样的人生，并且为此疲惫不堪。那个本属于30岁的分水岭，却在40岁的时候还停留在原地选择，为了出航的准备而盲目努力、挣扎。也就是说“十年”这个很珍贵的时间，就这样被荒废和虚度了。

当然，这十年里你可能会经历别人没有的暴风骤雨，但是正因为这样的逆境和磨练，你才会成为一名英姿飒爽的船员。古铜色的肌肤，结实的臂膀，你会最终成为一名经验丰富的掌舵人。“港口是为了要离开的人而存在的”，这个信念使我成为一个成功的人，比起同龄人更加优秀的人。如果那时的我没有离开港口而是选择停泊的话，我想四十多岁的我仍然像当初一样，在安静的港口，像个隐形的船舶一样，封闭了自己的内心和肉体，连一点出航的想法都没有，没有指南针，没有方向标，只能呆呆的在原地看着他人留下的脚印。

人在生活中会常常接收到一些命令。“30岁的时候离开公司”，我真心尊重给我下达这个命令的自己。我从没有怀疑过自己的能力，也很确信自己有这样的资格可以下达这个命令，并且乖乖地跟从了它。

29岁的我和30岁的自己是那样情投意合，虽然没有欢呼，没有礼花，甚至连个鼓励的掌声都没有，但是朝着新生活出发的决心成为了我人生中最重要的转折点。

这个出发不是单纯为了温饱问题，而是向着梦想全力前进的出发。每个人都有梦想，梦想的彼岸正在闪烁耀眼的光芒，等待你的降临。然而，不要以为所有的梦想都处在与你此时的人生相悖的道路上。

很多人都习惯性的这样分析：“是继续上班呢，还是放弃现在的工作呢？”

这样的想法是很危险的。还有很多人也可以一边维持现有的工作环境，一边选择去做自己喜欢的事情，并且都获得了成功和喜悦，实现了自我价值。职场生活之余，抽出时间经营自己的网店，因此而获得成功的人绝对不在少数。而且还有很多人无论多么忙碌，都可以去全世界旅行，做着各种志愿者的工作，这都是自我价值的实现。还是那句话，最重要的是你选择流向哪里。

曾经和一位三十多岁的业务员进行过一次谈话，他对我说道："每个月的工资就那么多，要还房子的贷款，还要交孩子们的学费和各种补课费，保险费也必须要交……我真的感到很辛苦，我的人生为何会这样？我真不知道要怎么继续生活下去了。"

我是这样回答他的："如果觉得贷款压力很大的话，就把房子卖掉，然后租一个适合一点的房子，你觉得怎么样？至于孩子的学费问题，可以和孩子沟通一下，大家一起想办法尽量减少一点压力。而保险的问题，可以重新制订一下财务支出单，一定会有办法的。如果经济问题是梦想的绊脚石，那就先要解决经济问题。"

然后他苦涩地笑了笑："这种事情我怎么能控制得了呢？可不是我想怎么样就能怎样的……"

我轻轻拍了拍他的肩膀，说道："人生的选择权就在你自己的手中，有的人就是因为没有做出选择才会变得不幸，所以还请你现在就找到自己的选择，然后马上开始行动吧。"

是的，人生的选择权就在你自己的手中。如果放弃了这个选择权，那你的人生就没有任何意义了，从此你只能过着随波逐流的生活。例如看到别人买房子，所以你也要买；别人要送孩子去各种补课班，你也要送孩子去；看别人买保险，你也要买。其实这种想法是错误的。世上根本就不存在这样的因果关系，没有必要非得过着和别人一样的生活。此时的你可能想问："要是因为家人的原因该怎么办？"我告诉你，千万不要这样想。不要像有的人一样，把他人的选择当作是自己的宿命，不愿意花费时间和他人谈论这些问题，因为他们觉得无论怎么高谈阔论都不会得到明确的结果。

问题的重要性不在于是否应该要离开公司，真正重要的应该是“出航”。安静的港口虽然是安全的，但是如果不出航的话，我们就只能留在那片湿地，无法迈出前进的脚步。而这片湿地会渐渐地变成你人生的沼泽，让你深陷其中。即使有一天你意识到了这个事实，你也会觉得已经没有办法能够让你从这片沼泽里出去。所以比起努力挣扎，你选择默默沉下去。甚至直到自己完全被沼泽淹没，你的想法也丝毫没有改变。因为你会这样安慰自己，“别人也都是这样生活的”。就因为这样荒唐的借口，你把自己的人生交给了这片沼泽。

有一天，正在田野上奔跑玩耍的狐狸收到了一份礼物，有一位好心人送给了它一双全新的皮鞋。狐狸高兴坏了，因为它长这么大从来就没有穿过鞋子，都是光着脚走路和奔跑的。狐狸非常感谢这位好心人士，因为这双皮鞋穿起来特别柔软、舒服。然而时间一天天过去了，狐狸的鞋子被磨破了，并且再也没有办法穿了。于是它又找到了这位送它鞋子的人，想再要一双鞋子穿。可是这个人却笑着说道：“还想再要一双皮鞋穿吗？可以的。不过你需要先交钱哦，因为这是交易。”狐狸已经习惯了穿着鞋子奔跑玩耍的生活，没有鞋子对它来说是万万不可的。所以，从那以后，狐狸就经常会花费自己的积蓄，不断去买鞋子穿。

你觉得自己的人生和这只狐狸的人生有什么不一样的地方吗？

如果你想一直停泊在港口，也是要付出相应的代价的。而且去躲避风雨的人越多，相应的你所付出的代价就会越高。结果就是，你最终会被港口的其他人赶出来。是自己主动出航，还是被其他人赶出来？这就是成功的人生和失败的人生之间的差异。

如果你想成功实现自己的“5年战略”，那就从现在起准备出航吧。脱下你脚上的那双“皮鞋”，做好无论多大的暴风雨我都要前行的觉悟。如果没有这样的觉悟，那你的“5年战略”只不过就是另一个5年的延长期限而已，没有任何意义。

一旦你下定决心“准备出航”，那就请你回答一下以下的7个问题。

1. 我此时停泊的港口是哪里呢？
2. 这个港口对我有利的地方是什么？对我不利的又是什么？
3. 这个港口是我人生的终点，还是我人生的开始？
4. 如果要离开，那选择在什么时候？
5. 离开港口我要去的方向是哪里？
6. 离开之前，我要做的准备都有什么？
7. 如何最大限度地利用这个港口？方法是什么？

对于每个人来讲，港口可以分为具体和抽象两种。具体的港口是大家都可以看得到的，例如职场、学校、都市、国家等；而抽象的港口就是肉眼所看不到的，例如习惯、态度、思考方式、行为方式等。就像没有完全相同的人生一样，每个人所停泊的港口也是不一样的。

有个人在回答完这7个问题以后，做出一个决定。他说道：“好吧，迄今为止我做了太久不适合自己的职业。既然这样，我就要放弃现在的职场生涯了。但突然之间盲目放弃也不是好办法，我要把该学习的东西都学习到了才行。反正我的计划是要做自己的海外贸易事业，所以首先要掌握的就是业务上的能力。我给自己3年的时间，先转到销售部门，好好学习一下业务知识。”

也许还有人的决心可能是这样的：“我一直都过着墨守成规的生活，但其实我现在的生活状况并不算糟，只是没有所谓的梦想和支撑梦想的意志罢了。所以，我现在要从这个陈旧的深渊逃脱出去。对啊，我现在从事的工作可是具有科学技术含量的，我能够最先接触到一些先进的发明和情报资料，而且身边还有这么多有才之士，这可是能够影响国家未来命运的领域啊。我一定要有这样的自信心，即使有人说我这是自负也没有关系。所以我决定了，我要告别只拿工资的销售员的工作，并且要成为这个领域的专家。我要向这个世界展示全新的自我，彻底改变自己。从今天起，我的代名词就是专家，我要朝这个方向努力。总有一天我也可以登上著名杂志专栏，叙说自己的成功史，还要去很多地方演讲，甚至我还会自己写本书。我相信5年后的我一定有巨大的改变，变成一个完全不同于现在的我。”

奥普拉·温弗瑞是当今世界上最具影响力的妇女之一，然而过去的她和现在光芒万丈的她是完全不一样的。从出生的那天起，父母就抛弃了她。而在青少年时期，她还遭受过性暴力，这给她带来了很严重的伤害，曾经的她甚至想过要结束自己的生命。那段时光对于年少的她来讲就像是地狱一般，她暴饮暴食，还得过肥胖症。虽然这段岁月带给她的是黑暗和伤害，但是她最终还是重新鼓起勇气，下定决心要改变自己。她说过：“不错，我是个微不足道的人。但是我这样的人就没有资格拥有梦想吗？我也想成为一名备受瞩目的电视台主持人。”

这个想法最终给她的人生带来了重大转变。每当奥普拉·温弗瑞在日后回忆起自己的过去时，总是这样说：“我们每个人此刻的想法决定了我们将要成为什么样的人。”

圣雄甘地（莫罕达斯·卡拉姆昌德·甘地）曾说过：“人类就是思想的产物，人这一生的命运都由自己的想法所决定。你的信念会成为你的思想，你的思想会成为你的语言，你的语言会变成你的行动，你的行动则会成为你的习惯，而你的习惯就是你的价值，并且你的命运就取决于你的价值。”

是主动出航，还是最后被他人从港口赶出来？是脱下那双皮鞋，还是为了它而奉献自己的一生？

不要成为他人的垫脚石，真正最具有价值的人生只有一个，那就是“我的人生”。

06

渴望，渴望，再渴望

> 你是一个可以拥有更多渴望的人。渴望并不是自私和贪念。当你拥有渴望时，你能够和他人分享的东西会变得更多。最大程度的付出，最大程度的接受，这样的人生才是最让人感到满足的。如果仔细观察你会发现，那些所谓的成功人士，都是拥有渴望的人，因为渴望要比能力重要多了。

最近，我和家人去了一个海边度假村旅游，正巧那个度假村在举办一个医学研讨会。来自全国各地的医生都聚集在了那里，是一个规模很大的医学研讨会。

为了这个研讨会，各大厂家之间展开了激烈的宣传战。数十个制药厂和医疗器械企业都争先恐后地选取好的宣传地点，并且从清晨就开始布置场地。终于，在上午10点，研讨会正式开始。各个公司以及各个部门的工作人员都行动了起来，不断向医生们推销自己的产品。当然他们的目的都只有一个，那就是“以后请多多使用我们公司的产品”。

我在把车开到停车场的时候，偶然听见了两位销售人员的谈话。两个人看上去都是30多岁的样子，表情都很凝重。

其中一位先这样说道：

“哎！我和他们的高考成绩也就差了5分！但是人家现在就

是有身份有地位的大医生，而我只是一个为人家服务的小销售员。人生真是坎坷啊，坎坷！”

“谁说不是呢。我的分数其实都够上医科大学的了，但却像个傻瓜一样没有去。早知道是这样，就算是不出名的小医学院我也要去。看看现在，都成什么样子了。脸上勉强挂着微笑，不断地讨好这些医生。人家可都是来这里玩儿的，我们呢，是来这里受罪的，简直是太辛苦了！”

“那又能怎么样？这就是我们的人生啊。”

“是啊，没有办法。虽然像个傻瓜一样，但这就是我选择的道路啊。”

听了他们的话，我想起了美国最伟大的浪漫主义诗人亨利·沃兹沃斯·朗费罗的一首诗。

不要空想未来，不管它多么令人神往，
不要留恋过去，要把逝去的岁月埋葬。
行动起来吧，就在生命的此刻行动！
让生命之舟乘风破浪！

我们从小就知道，韧性和耐心是每个人的生命中都必不可少的。所以即便有人说我傲慢也好，说我张狂也好，我都不断地对自己的韧性和耐心发出挑战。不仅是单纯的一两次，而是足足有数十次。

但是有一点，一定要有严格的区分。那就是我所挑战的耐心中，都是“强迫性”的耐心。也就是说，只有你“强迫”自己去放弃一些“不自我”的选择，你的耐心才能经得起考验和挑战，而这个选择最终会帮助你活出自我。我们应该通过这一点来控制自己要走的道路，来磨练自己的思想和意志。我想，如果我选择的路是我一直盼望和期待的，是对我的生命有意义的，那我相信无论这条路上有多大的狂风暴雨，我都会拿出韧性和耐心去挑战，并最终实现自己的目标。

当我下定决心要离开已经工作了7年的公司时，我就向自己“强迫性”的耐心发出了挑战。当我写辞职书的时候，我已经意识到了公司所面临的问题的严重性。那时的公司已经没有了创业初期的雄心和热情，只活在现有成绩的光环下，而公司的有用之才也都一个一个地打包离开了。在这种情况下，我的离开无疑是会给公司带来重大影响的，但我并不是因为他人的离开而决定离开的，而是因为“自己对崭新人生的强烈渴望”。

就这样，我放弃了安稳的公司，放弃了安稳的职位，就是因为我想挑战自己“强迫性的”耐心。虽然外面世界的很多不确定因素让我感到恐惧和不安，但是我还是下定决心要朝着自己的梦想前进。因为我是如此迫切渴望着新的人生。

现在的你也感到安定和满足吗？

熟悉的事物？上司的肯定？优异的业绩？

你觉得这些东西可以守护你到什么时候呢？1年？5年？还是10年？

其实，我们大家都知道，没有人具有绝对的保护措施。公司也好，上司也好，你身边的同事或朋友，等等，任何人都没有办法为你负责。只有你自己能够守护自己，只有你自己才能为自己的人生负责。

其实，无论你的渴望是什么都没有关系。渴望成为公司的内部董事也好，渴望成为一个领域的首富也好，渴望做一名可以去全世界旅行的作家也好。但是比起你渴望的内容，更重要的是你渴望的程度，你到底是有多么想要实现这个梦想。也就是说，“渴望指数”才是关键。如果把指数设定为一到一百，那你的“渴望指数”是多少呢？是十？还是一百？

曾经有一次和以前公司的一个后辈喝酒聊天。

“前辈，我之前对您一直有一个误会。”

“什么误会？”

“其实我一直都以为您想在咱们公司里做出点成绩，然后出人头地呢。”

“哈哈，为什么会这样想呢？正如你现在看到的，我现在已经完全离开了公司，正光着脚在原野上奔跑呢。呵呵。”

是的，我从来没想过自己要在公司里面出人头地，正因如此我才能果断地决定离开公司。虽然并没有后悔自己的决定，但是离开以后，感觉的确是非常辛苦的。有时候就像是孤身一人在抵抗狂风暴雨，有时候像是光着脚丫独自奔跑在撒哈拉沙漠中。而我放弃的公司与这些比起来，简直豪华得像个度假村一样。

“其实我觉得您根本就没有必要那么拼命工作，因为您既然不想在公司里往上爬，就真的不用那么认真努力的。”

“哈哈，是吗？真像你说的那样？我自己都没发现……”

“是啊。每次看到前辈您为了公司项目而做的努力，真心觉得您就像疯了一样，简直太认真了。”

“哇哦，没想到还能有人这样认可我，我很感动啊。”

此时的我陷入了回忆。

那是一个大型展示会项目，公司全体员工都在为这个项目忙碌着。而我作为策划组的主要负责人，要负责指挥项目的所有进展。虽然客户所要的只是一个展示会，但是需要准备的事情实在是太多了。光是策划产品一和产品二，就要从三个方面同时进行，而这三个方面内部又分别要准备电视广告、宣传品和各种促销活动。计划组只有一个，可是要面对的制作组却足足有三四个。按人员来算的话，已经超过了三十多人。为了尽量满足所有制作组的要求，我每天都要花费相当长的时间来完成工作。和一个小组开完会之后，马上要去和另一个小组的人会面，然后再开会，开会，不断地开会……而所有的书面计划书，我还要到晚上10点以后才能抽出时间去写。就这样每天都在忙碌地工作。

后辈的这句“疯了一样”，一直徘徊在我耳旁很长时间。

“是啊，这么说来我好像是真的疯了，呵呵。”

突然间，又一个场景浮现在我的脑海中，一切都是这样的历历在目。

那时候也是正在准备一个大型展示会，每天积攒在一起的事情就像炎炎夏日的雷阵雨一样迎面扑来，甚至连个避雨的地方都没有。突然有一天，我的胸口莫名地开始疼痛起来，但是我却只能装作什么事情都没有一样，而且还告诉自己只要把精力都放在工作上，自然就会慢慢好起来了。但是疼痛的症状却越来越明显了，每天大概要发作两三次的样子，严重时甚至连呼吸都感觉到困难。

“咳咳……咳咳……”

就这样，呼吸开始一天天变得很奇怪，而我却把原因归咎在吸烟的问题上。

“肯定是吸烟导致的，从今天起我得开始戒烟了。”

于是我便把抽屉的三盒烟全部丢进了垃圾桶里，就像能把疼痛一并丢掉一样。

然后我走进了会议室，大家都在那里等着我。

刚开始进入会议主题。

“下面我针对这次展示会最重要的部分说几点……咳咳！”

我就站在显示屏前面，所有的组员都在看着我。

接下来我眼前一阵眩晕，突然就倒在地上，就像一块笨重的木桩一样，无法控制自己。

平时能呼吸十次的时间，那时也只能呼吸三次，就像用吸管在呼吸一样，很吃力。

疼痛变得越来越严重，工作也没有办法再进行了。

稍作休整了一会后，我提起精神，来到了公司前面的医院。

医生看着我的X光片，说了一句让我感觉如同晴天霹雳一般的话：

“马上安排住院吧，你必须要尽快进行手术才行。”

“您说什么？手术？”

那时的我相比自己的身体，更加担心公司的工作。

“医生，我现在有很重要的工作要做，不能马上就住院。能不能推迟几天呢，我先处理一下手里要紧的工作。”

医生看着我叹了口气，然后说道：

“来，你自己看看这个片子。如果说正常人的肺是这么大的话，你的肺现在只有这么一小点。假如你现在去山里面的话，很有可能马上就失去生命。”

“天哪！”

妥协，我最终还是决定接受手术。回到公司简单交代了一下，就马上又去医院了。紧接着第二天就做了手术，可能是因为打了麻醉药的原因，那些一直徘徊在脑海里的项目、方案，都渐渐变得模糊不清，最后全部消失了。

当同事们来到病房看我的时候，我问道：

“项目进展得还顺利吗？”

他们当时都很无语地看着我，也许是觉得我很荒唐吧，就像这位与我一起坐在酒桌前喝酒的后辈一样。他们的想法好像都是一样的，都认为我是个疯子。

“是啊，大家都误会了。一定都以为我很想在公司里出人头地，所以才会那么努力工作。”

就在这时我又想起来一件事，我曾经对这个后辈相当严格。有一次我让他去复印一个文件，他也很认真地答应了，然后带着复印件来到我身边。

但是，我却发现了一个问题。这本来是要给客户的报告书，但是复印的效果却不是很理想。（当然，这是按我的标准来讲。按后辈的标准来看的话，是没有问题的。）

“重新复印一份过来。”

“怎么了？”

“印得有点不好。”

“没有啊，挺清楚的啊。”

“你看看，这，这，这，还有这，都这么黑！”

我用手指指出了几个有问题的地方。

“哎呀，字不是能看清楚嘛，能读明白就行啦。”

在我的眼里，这是一个很严重的业务上的失误。可是后辈却用开玩笑的口吻来回应我，这让我很生气。于是我对他发了很大的火，对他喊道：

“你怎么回事啊！字能看清楚就行了吗？空白的地方也要干干净净才行啊！这是要给客户的报告书，不是我们自己看的！你觉得你这种态度是负责任的吗？”

我想后辈当时肯定觉得自己特别委屈。

“那我该怎么办啊……复印机现在只能印出这效果，我也没有办法啊。”

我拉着后辈走到复印机前面。

“来，你现在印给我看看。”

于是后辈很不情愿地在我面前又复印了一次。

“现在，你来看看我是怎么做的。”

我把复印机的盖子掀开，仔细地看了一下玻璃板。好像有人不小心弄上了涂改液，而且貌似被人擦过，但不仅没有弄干净，反而变得更脏了。

“这里，这不是有脏东西嘛。你得先把这儿擦干净了才行啊。”

我拽了一下右手的衬衫袖子，沾了点口水，开始用力地擦了起来。几下以后，玻璃板就变得干干净净的了，最后我把一点问题也没有的复印件放到了后辈眼前。

“复印东西要这么做才行，知道了吗？”

后辈的脸颊瞬间变得绯红。

其实我并不喜欢公司里那些只想往上爬的人，因为越是这样的人，越无法把工作做好。他们会把更多的精力放在为人处世上，正如善于煽动群众的人比默默工作的人更适合成为政治家，这道理是一样的。所以比起那些只想不断往上爬的人，我更喜欢集中精力工作的人。而且，我也正在为自己能够成为这样的人而不断努力。如果问我人生中最帅气的时候是什么样子的话，我会回答道：“挽起衬衫袖子，热衷于工作时的样子是最帅气的。”我喜欢连复印这样的小事都能够认认真真完成的人，这样的人不是为了公司而工作，而是为了自己。为了自己努力工作，并且给公司带来发展，自己也会在其中得到更有意义的成长。

每当有后辈对我说想要放弃拿着工资过日子的时候，我都是这样告诉他们的：

“如果你不想再做一个只能拿工资的人，那你首先必须要尽你最大的努力做好眼前的工作，因为只有这样你才能有机会得到更好的发展。”

是啊。有的人觉得自己“适合更加有深度的工作”，所以对眼前的事情不屑一顾。针对这样的人，我只能说是没有机会可以给他们的。那些果断放弃当前工作并且充满自信地走向新人生道路的人，无疑在做任何事情的时候都会尽自己最大的努力。因为如果不是这样，他们即使到了别的领域，换了别的工作，也不会获得成功。

请你热切地渴望吧！

把你的渴望指数变成一百吧！

只有这样你才能走进机会的森林！

著名心理学家朱迪斯·艾伦·赖特通过长时间的研究得出结论：“当你决定想要过一个冒险般的人生时，为了让自己能够完全接受这个决定，你需要掌握一些可以让自己得到发展的技巧。这些技巧当中，最核心的一项是你寻找机会的态度，而不是面对险恶环境的态度。如果你把发生的一切看作是可以让自己得到祝福和获得成长的机会，深化自己和他人间的关系，提高自己的能力，并且作更多的奉献，那么你就会得到来自于他人的更多恩惠。”

她还这样说过：“你是一个可以拥有更多渴望的人。渴望并不是自私和贪念。当你拥有渴望时，你能够和他人分享的东西会变得更多。最大程度的付出，最大程度的接受，这样的人生才是最让人感到满足的。所以你要不断地回答下面几个问题：你想要的是什么？通过你的热情你能够得到的东西是什么？你认为什么样的人生才是真正的人生？然后接下来，让你的渴望带动你的人生吧。”

不温不火的渴望什么作用也没有，这样的渴望不会带给你任何的成就。没有渴望的地方，不会有祝福，也不会有机会。没有渴望，梦想也好，目标也好，展望也好，都会像沙粒一样，从手中溜走，最终变成虚无。

美国的领导学权威兼著名演说家约翰·麦斯威尔这样说过：

“如果仔细观察你会发现，那些所谓的成功人士，都是拥有渴望的人，因为渴望要比能力重要多了。”

为什么没有渴望呢？

如果没有理由，那就开始渴望吧。渴望，渴望，再渴望。

07

不要寻找逃出口，而是要寻找突破口

你生存在世上，不是为了成为生活的点缀，而是要帮助自己找到更伟大的人生规划、拥有卓越的梦想和成就。要知道，你是为了让世界变得更加美好而存在的。如果你忘记了这个使命，那么你的人生注定是悲惨且凄凉的。
世界上最不幸的人是明明可以看得到，却没有人生规划的人。

每次听到“三明治”这个单词，我首先想到的并不是美味的糕点，而是由它引起的凄凉感。这就像是现代人的自画像，给人一种悲伤的感觉。在社会上如此，在公司里也是如此，大多数人的处境正如“三明治”一样，没有明确的属于自己的身份，只是整体中的一部分。

美国第28届总统伍德罗·威尔逊很早之前就对这些“三明治人类”说过：“你生存在世上，不是为了成为生活的点缀，而是要帮助自己找到更伟大的人生规划，拥有卓越的梦想和成就。要知道，你是为了让世界变得更加美好而存在的。如果你忘记了这个使命，那么你的人生注定是悲惨且凄凉的。”

与其混日子，倒不如好好规划一下自己的人生，努力让自己成为更优秀的人。然而，又有多少人真正做到了这点呢？只不过依旧埋没在人群中间，让自己被挤来挤去罢了。

1990年我在大学毕业之前就进入一家广告公司开始工作了，比起同龄人都要早一点。24岁的时候，公司的全体员工也就只有20名。虽然表面上看来规模不是很大，但实际上也不算是小公司。当时很多大企业的销量和收益都非常不错，所以广告公司也都发展得很好，可谓是广告界的辉煌期。而我们公司也乘势取得了惊人的发展，每年还会有很多知名的广告人士加入我们。不知不觉，公司的员工已经增加到一百多名，并且晋升为韩国十大广告企业中的一员。公司慢慢成长为一个综合性的广告强企，也拥有了属于自己的八层办公大楼。

那时公司的一切都很顺利，所有组员的脸上都挂满微笑，即使工作再多也不会觉得累，到处洋溢着幸福的气息。而我在一年的每一天中，都沉醉在这样的生活中。

如果周末没有特殊的事情，我一般都会在办公室里度过。一边处理手头上的杂事，一边和同样来加班的同事嘻笑聊天。我们都很喜欢那宽敞明亮的办公室，并且很享受大家一起尽情工作的时光。

正是热血青年的我，把所有的精力都放在这份广告事业上了。喜欢自己从事的职业，也喜欢和自己一起工作的同事。我原来的房子在仁川，公司地址在首尔忠武路。其实在仁川住的话上下班也不远，但是因为特别喜欢公司的工作环境，所以就在公司前面租了个房子。但是一个人住的话房费压力又太大，所以就和同事一起合租了一个地下室。走路去公司的话只需要五分钟的时间，如果跑着去的话也就需要两分钟。我很享受每次走去公司的那几分钟时间，也觉得和同事一起工作是最有意思的，这个世上没有什么事情能超过这点。而且工作结束后，大家一起在忠武路喝烧酒的感觉更是让人难忘。

公司的迅速发展和壮大，使得员工也开始拿着充足的工资、过着潇洒的生活，跟着时尚的潮流买自己喜欢的衣服，也常常去高级餐厅享受晚餐，并且还会去华丽的酒吧一起聊聊天。但是对我们来讲，最舒服的地方还是那间饼店，最喜欢的酒还是烧酒。

经济状况依旧很好，所有的一切都顺利地运转着。各大企业的销售额不断上升，广告公司的利润也逐渐扩大。而广告公司的员工们也都享受着丰富的年薪，并成为大众眼中所羡慕的工作人员。

二十多岁的我没有经历过什么困难，身边三十多岁的前辈和公司领导们也几乎没有什么大的烦恼。一直认真工作的我得到了公司的肯定，年底也会给我颁发各种奖项。并且有一年还得到了去日本研修的机会，对于一名广告人士来说，日本是个充满吸引力的国家。在研修的那段时间里，让我印象最深刻的是一个日本广告。

日本电通广告公司是日本最大的广告公司之一，当时正在举办一个大型研讨会，而我和许多广告人士都参加了。

有一位企划专员走出来这样说道：

“请大家仔细看好我接下来要播放的这个广告，这是一个是刚刚获得了ACC大奖的作品。”

所谓ACC，就是“全日本广告大奖”的英文缩写，一年举办一次，会选出该年在日本播放的广告中最具有产品特性和大众特性的优秀作品。在韩国的话，这就相当于是“韩国广告大奖”。

说完他就播放了该广告。

广告的主人公大概三十多岁的样子，他面无表情地走进办公室并坐了下来，给人的感觉是凝重且生硬的。坐下后，他把头转向了右边，看到的是头发已经花白的四十岁到五十岁的上司们。他们也一样无精打采，耷拉着肩膀，脸上没有任何表情，也没有血色，给人一种意志消沉的感觉。广告的主人公一直皱着眉头。

这次他把头转向了左边，看到的是一群生机勃勃的年轻人正在努力工作的情景，有的人在激烈讨论着什么，有的人挽起衣袖在忙碌地整理资料。而此时我们的主人公发出了叹息。

然后他仰头朝天空看了看，此时的表情是个特写镜头。是一种丧失感，还是空虚感？反正就是很压抑的表情，久久徘徊在人的脑海里。

广告最后的场景是主人公拿出一瓶灌装咖啡，并一口气全部喝掉了，之后显示出一行广告语："我正在喝BOSS。"

BOSS是一个咖啡品牌，这就是一个普通的罐装咖啡广告。

这广告的内容对于热血沸腾的二十多岁的我来说，有点难以接受，我并不觉得这是能够获得大奖的作品。说实话，我甚至都在想，"什么啊?这也能获奖？该不会是贿赂广告商了吧！"

但是听完这个广告策划人的说明后，我不禁发出感叹，"啊，原来是这样啊！果然是值得嘉奖的作品。"

他是这样说明的。

"从艺术方面来讲的话，这个广告得不了高的分数。背景是一间再普通不过的办公室，登场的人物也和每天遇到的同事一样。深色西服加白色衬衫，还有高度近视镜。实在是没有什么特别的地方，音效上就更不用说了，因为基本就没什么声音出来。但是这个广告的价值究竟是什么呢？是什么原因能让它获得大奖呢？”

瞬间，所有参加研讨会的人都紧张了起来。包括我在内，从韩国来的广告人士还有很多，大家都很想知道原因是什么。

“我来告诉你们吧。这个广告的核心要素就是三十多岁这个年龄。实际上，这个广告一经播出就得到了强烈的反响，众多三十多岁的日本人，尤其是三十多岁的男士，都觉得这个广告就是自己生活的真实写照，并与之产生了很大的共鸣。也正是因为这个原因，广告才获得了巨大的成功，BOSS咖啡的销售额也取得了突破性的上升趋势。广告受到大众的瞩目后，继而出现了众多以三十多岁日本人为主题的纪录片、电影和电视剧。”

策划人喝口水又接着说道：

“多数三十多岁的日本人的心情都是很抑郁的，因为他们中大部分人都是上班族。每每看着只比自己高一级的上司，他们心情都会变得错综复杂。因为这些上司可能是没有什么工作能力，但却很会看着别人的眼色而行事的人。他们接下来会想到5年后的自己，10年后的自己，是不是也会变得一样，然后深深陷入这种自卑感中。再看看比自己年轻且充满干劲的后辈，也许有一天他们就会踩到自己的头上。虽然表面上很尊敬这个前辈，但是总有一天他们会对自己不屑一顾。一这样想就会变得焦躁不安。用一句话来总结就是，之所以变得很苦恼是因为找不到突破口。”

那时的事直到现在都让我记忆犹新。

我想，如果这个广告现在在韩国上映的话，一定也会引起重大的反响，会引起众多三十多岁人的共鸣。但是对于1990年的韩国来讲，三十多岁的职场人基本没有什么危机意识，更别说当时的我只有二十几岁了。

告别三十岁，对于现在四十多岁的我来说，终于可以深刻感受到那个广告的意义了。主人公的表情为何那样黯淡，这个广告为何会在三十多岁的日本人中间产生如此剧烈反响，又为何会得到大家的共鸣，这一切我都清楚了。不是头脑上简单地理解了，而是发自内心地感受到了。

我们要知道，即便有人理解我们的心情，那对我们来说也只能算是一时的安慰。因为别人的理解并不能帮助我们实现人生的飞跃，只有我们自己才能带领我们走出那样的生活。要靠自己的意志和努力，冲出那片无法自由呼吸的世界，过真正属于自己的人生。

海伦·凯勒说过："世界上最不幸的人是明明可以看得到，却没有人生规划的人。"

虽然眼睛看不到，但是海伦·凯勒却拥有一双比任何人都要卓越的慧眼。5年的战略不是一个寻找逃出口的战略，而是要寻找突破口的战略。执着于逃出口的人，永远都只能像"三明治"一样。我们要努力寻找突破口，给自己的人生做好规划。正如那些眼睛看不到的人一样，规划才是最伟大的光芒。

08
提前做一下5年后的噩梦吧

不能单纯地只是要你想要看到的结果。即使让你感到不舒服也好，具有冲击性的也好，你都要勇敢面对。

美国著名作家霍利·赖尔说过：“所有行为都会带来后果，这是人生的第一条定律。而第二条定律就是惟一对其负责的人是你自己。”

不去挑战，不去接触新的事物，坐以待毙，这就是一种人生选择和自我行为。经常有人这样认为，“如果不做什么出格的事情就不会有问题，也不会感到生气和伤悲。要做一个像流水一样的人。”但是这样的选择和态度往往会给我带来一些特定的结果，与人生的意义毫无关系。

我有一个名叫A的朋友，他的童年是充满波折的，不仅经济条件存在问题，“复杂的家庭”也是他的困难所在。

对于寒窗苦读的60年代后的人来说，1970年到1980年的10年给我们留下了深刻的印象。朋友中大多数人的少年时光都是艰难的。虽然国家在经济上取得了巨大的进步，但是对于身在仁川的我们来说，发展还是相当缓慢的，因为小村庄们还没有来得及享受到国家高速发展所带来的恩惠。

朋友A的家里也是一样困难。仔细想想的话，在我的记忆里他似乎从来没有一个属于自己的房间。书上到处是弟弟妹妹们弄脏的痕迹，还没来得及用的本子上也都是孩子们的涂鸦。

A的爸爸好像曾和三个女人结过婚，但是最后一个妻子最终也离开了他们，甚至还留下了正在哺乳期的婴儿。

但是A却没有感到悲伤，也不觉得抑郁。

朋友们面前的他永远都是那么乐观，一边大声歌唱“在那片绿色的草地上……”，一边跳搞笑的舞蹈逗大家开心。

时间慢慢溜走，三十八岁那年的某一天，我和A来到一家小酒屋里。

他看起来无精打采，把酒杯倒满酒后，就一声不吭地喝光了。

“我们现在多大了？”

“三十八岁了啊。”

“三十八岁了还被公司解雇，甚至没有其他地方可以去，你说可悲不可悲？”

“……”

虽然生活有很多困难，但是A从来没有放弃过。二十岁的他默默承受各种考验，努力学习新技术，并且用自己积攒下来的血汗钱去读大学。虽然比其他人进入大学的时间要晚一点，但是他没有任何怨言。就这样，毕业后，他在一家机器制造企业工作了很长时间。但是现在却突然要被开除，这对于他付出的那段宝贵岁月来说实在是太残酷了。

“这么久了，我对公司一直都是忠心耿耿的，没有做错过任何事情。真的，为什么……公司现在怎么能够这么对我呢？”

他痛苦得大哭着。那次是我第一次看见他的眼泪。我印象中的他，无论跌倒多少次，都会马上重新站起来，然后用力拍拍身上的尘土，脸上依然挂着阳光的微笑。然而马上就四十岁的他此时却在我面前失声痛哭着，我心里有一种说不出的愤怒。一心只想努力生活的他最终却成了公司的牺牲品，我真想知道这个世界是怎么了。如果可以的话，我很想揪起这个名叫“世界”的人的衣领，然后狠狠打他一顿。

实际上，我们的同事和后辈们都已经做好了随时离开的准备，因为不知道公司会在什么时候就会给出这样的通报。但问题是人离开以后要怎么办，有没有可以去的地方。其实所有的人都是一样的，已经被开除的人和还没有被开除的人，虽然会安慰自己说，“反正又不会饿死”，但是现实呢？

国内有一个出名的人力资源企业，该企业招聘部门的组长这样说过：“首先，超过三十八岁的求职者就要按照老人的标准对待。而且再就业市场上的年龄界限，在近两三年的时间里也呈现了剧烈下降的趋势。也就是说如果一个人想考虑换工作，那无论如何都要在三十五岁之前定下来，因为只有这样他才能找到自己想要的职场生活。否则的话，即使换了工作，在公司的规模和年薪水平上也都是不理想的，最终还会导致强大生活压力的产生。”

实际上，如今的再就业市场，“升职转业”已经成为了一种普遍现象，基本限定于从代理升职为科长，科长升职为次长，并且主要都是三十岁到三十七岁之间的人。上面提到的那个人力资源企业中的另一位组长说过："从我们公司这边的情况来看的话，转业的时候能够升职的三十八岁以上的人只占全体升职概率的5%～10%。"

换句话来说，三十八岁以上的人就像是再就业市场上的"旧物"，等待"回收"。真的没有办法想象三十多岁的人在韩国会面临这样的困境，无奈这就是不争的事实。可即使我们花尽心思去找出幕后的始作俑者，并要求他为我们的人生负责任，这也是没有任何意义的。我们甚至连叹息的时间都没有，因为我们要改变现状，改变世界。为此，我们首先应该改变自己，改变我们思考问题的方式和本质，因为只有这样才能带来利益和变化。

历史的教训这样告诫我们。

社会系统的改变会导致人类思考方式的转变，而思考方式的改变会重新引起社会系统的转变，继而再次引起人类思考方式的转变，社会系统的改变……

转变会一直持续下去，永远不会停止。

而我和你都生活在这个命运的旋涡之中。

我们有两种选择。第一种选择就是把自己交给命运的旋涡，随波逐流；第二种选择是我们要战胜它。如果你的选择是第二种，那么从现在起，你就要认真思考一下如何才能战胜这个命运的旋涡。

金科长今年三十七岁，是某公司的科长。

所有三十七岁的人应该都担负着众多的责任，金科长也不例外。在公司里他有自己的职位，并感到很满足。两个孩子都在上幼儿园，并且和其他孩子一样学习美术和钢琴。老实忠厚的他从不乱花一分钱，是一个很称职的一家之长。然而突然有一天，金科长收到了公司发来的通告。通告里说他的公司被一家国外的企业收购了。

他自己坦白道：“我突然想起了中学的时候有一次去教会的经历，不，准确来讲的话是去教会之前的事情。那次是我和朋友两个人一起去的，由于天气很热，所以我们为了凉爽一下，就跳进了路旁的河里。可是谁知道表面看上去风平浪静的河面底下，水势却是那么的汹涌。河水的高度已经到了胸部，一进到水里我们就被水流控制了，根本没有办法支撑自己的身体。瞬时间，我们都被水流淹没了。虽然我九死一生地挣脱了出来，但是朋友却不见了。我到处找都找不到他，很慌张很恐惧，呆呆地坐在河边看着水里，甚至连眼泪都忘记流下来。虽然经常在电视里看到类似的溺水报道，但我还是头一回亲身经历。我觉得现在的状况和那时是一样的，也曾在电视里看过被公司解雇的人一边流着眼泪一边做抵抗的事件，但是从没想过会和自己有任何关系。而如今，我也同样经历了一番。但被解雇和溺水还是不一样的，要是提前知道会是这样的结果，无论如何我都会用尽全力去挣脱，去摆脱被水流冲走的命运，但是如今我能做的只有无可奈何……我对这样的自己感到很失望。”

公司被收购以后，金科长就要面临离职的问题。原因有很多，最重要的问题就是业绩一直都不好，而且被收购以后，完全不懂英语的他与企业领导之间的沟通也存在问题。金科长觉得与其到那时候看人眼色工作，还不如自己主动点选择“光荣退休”。而且自己还可以有这样的选择，不知道有多么庆幸。是这样的，对于所有的职场人士来说，每次被问道“如何才能战胜命运的旋涡”这个问题时，他们都会最终给自己一个满意的回答。因为如果不这样做的话，他们就会在问题面前变得束手无策，就像金科长一样。

现在，我再来问一个问题。

“如果你在现在的公司平安无事地度过5年，那么5年后的你会是什么样子的呢？”

答案可能会有以下几种。

1. 5年后的话我应该已经当部长了吧。要是做得好的话，也有可能是理事了。

2. 我觉得要一直留在这个公司可能会很困难，所以现在正在考虑换一家规模小一点的公司。

3. 那时候我肯定受不了职场生活了。我现在就有几个创业构想了，5年后的话应该有一个具体的轮廓构架了吧。

4. 5年后吗？我现在连1年后的自己是什么样都推测不到，就更别说5年后了。不过我想应该能不错吧，最起码也要有一个积极且乐观的信念，对吧？

你的答案和上面四种中的哪一条最接近呢？

如果你的选择是1，那你肯定已经确保了自己在公司的地位。自己的能力也已经被上司认可，和同事的人际关系也都处理得非常好。要是再好好准备一下的话，包括上司在内，你的下属和其他部门的职员，以及往来客户都会成为你的人脉资源。但是如果你没有做到我说的这些，就茫然地选择答案1的话，那我只能说你太过于乐观了，你非常有必要冷静而透彻地观察一下现实的样子了。

如果你的答案是2的话，我想肯定是你当前在公司的地位有所动摇了。领导不认可你的能力，你每天也因为这一点而承受很大的压力。而且你觉得反正现在的公司也存在很多问题，没准哪一天也会面临倒闭。所以你给自己设定了一个方案，想换一个小一点的公司，即使工资少点也没有关系，只要自己满足就好了。但是有一点你要清楚地知道，就是规模再小的公司在人员选择上也是很慎重的。据我所知，有很多中小型企业在筛选简历时都相当注重业绩、人品、能力以及诚实度等很多问题，而且考核制度并不比大企业放松。最重要的是他们实行的是年薪制，每年合约到期的时候，都要进行年终考核，考核成绩低的人是没有办法再续约的。

选择3的人可以称之为“梦想脱离职场的人”。要是能够有一个具体的数据和策划行程，这还是不错的。但是像拉橡皮筋一样，茫然地把计划拉长，就是问题的所在了。没有明确计划的人，反而会扩张自己不安的心理。也就是说既不看重职场，也不看重自己的事业，总想逃避现实，用各种各样的借口来安抚自己。虽然这样心理上会得到一时的舒坦，但是渐渐会形成深层的心理问题，会增加心理的不安和恐慌。

如果想自己创业，就必须要有一个详细的计划，并且还要有充足的资金支持，这样才能聘用到优秀的人才。计划、资金以及人才，这三点是创业必不可少的。如果做不到这三点，创业就好比一场明知道会输的比赛。举个例子来说的话，假如一场足球比赛上，队员跑得很慢，或者根本就没办法碰到球，或者传球传错人、接球也接不到，想象一下比赛的结果是什么样的吧。这些致命性的缺点，无疑会造成比赛的失败。所以，创业也是一样的，事先的准备比任何事情都要重要，只有准备好了，才能开始放手去做。

如果你的选择是4，那也不必为自己感到失望。因为只要你从今天开始改变，你依然可以带着你的梦想和希望前进。

接下来你要仔细想一想。

我们为何要制定“5年战略”？就是为了要给我们的人生一些“冲击”，为了帮助自己正视充满困难的人生。虽然生活表面上看起来风平浪静，但实际上我们是生活在旋涡之中的。为了能够在人生的旋涡中生存下来，我们必须要尽全力挣扎，才能走出困境。所以即使当下没有什么问题，也要做好面对暴风雨的准备，未雨绸缪才行。

世界著名演讲家玛格丽特·赫弗南在自己的作品《大难时代》里这样说过：“人类的大脑组织中含有1500g的蛋白质，但是却不能公平对待每个情报。一些符合传统观念的情报会优先被大脑接受，因为简单、舒服；相反，不熟悉的情报就会被大脑自动无视且排斥，即使是为了守护生命和财产必须要知道的，如果令大脑不舒服，它也一样会装作不知道。这类的有意回避就是危险产生的根本缘由。”

大多数人明明知道“安逸”和“安乐”是危险的，但是如果事实是让人不舒服的，他们还是会选择回避。换种说法就是，即使他们知道自己身处于危险的情况下，他们也会选择继续逃避，而不是正面面对，并且他们还会觉得自己的决定是正确的。

所以，5年战略是一个可以帮助你正视人生困境的战略，不能单纯地只是要你想要看到的结果。即使让你感到不舒服也好，具有冲击性的也好，你都要勇敢面对。不要把不切实际的幻想当成5年的战略，而是要彻底准备好去迎接5年后的噩梦。只有提前做好了充足的准备，当5年后噩梦真的向你袭来时，你才能与之奋战。这样的战略，才是你真正需要的。

我们不能一直紧闭双眼、逃避问题，越是困难、吃力，我们越是要勇敢面对，并且仔细分析实际情况。只有这样，我们才能在5年后收获理想的人生。

第三章

改变，离开，还有爱

CHAPTER · 3

如果一个人想要主导自己的人生，就要根据自己的价值观去给自己布置计划。但是计划并不是为了展现给他人去看的，所以没有必要太注重它的外表光鲜与否。只要在受外界影响而动摇的时候，这份计划能够帮助自己稳定身心就可以了。著名诗人以及哲学家拉尔夫·沃尔多·爱默生说过：“成功的首要秘诀是自我信任。因为它可以让你相信自己的出世是造物主的选择，并且你拥有着世上独一无二的、只属于你自己的特殊才能。”

01
选择目的地的八个疑问

> 究竟能不能成为雄鹰只有展开翅膀一试才可以知道，只有翱翔在天空之后才能知晓。

我们所有人都是旅行家。

我们每个人其实都已经踏上了那条名叫“人生”的旅途，正在朝着某一个方向不断前行。有的人明确地知道自己的目的地，用尽全力奔向它；但有的人却只徘徊在原地，虽然他也付出了努力。而现在的你是什么样的呢？

英国著名说教家约瑟夫·帕克说过：“雄鹰又岂会满足于雀巢？”

如果想成为展翅高飞的雄鹰，那就不能栖息于雀巢之中。也许是现实让你没有意识到自己其实可以展翅高飞，也许是你和你周边的人还没有意识到这个事实。可是究竟能不能成为雄鹰只有展开翅膀一试才可以知道，只有翱翔在天空之后才能知晓，难道不是这样吗？

就像在本书第一章问过的问题一样，5年后的你会在哪里？你的目的地又将是哪里？

如果你现在还没有明确的目的地，那就按顺序回答以下的八个问题。我相信回答过后，你的目的地就会出现了。

问题一：你给成功的定义是什么？

在这之前，你的答案或许都模棱两可，可是现在你必须要给自己一个明确的回答。因为，这个答案对以下的七个问题也是至关重要的。现在，我先来介绍几位著名人物对成功所做成的定义，以便于你们的理解和构思。

成功，是一种从一个失败到另一个失败之后的热情不减的能力。——温斯顿·丘吉尔

自由地成长，这就是我对成功的定义。——盖瑞·史宾塞

什么是成功？如果一个人，早上起床，晚上睡觉，在这之间能做他们想做的事，这个人就是成功的人。——鲍勃·迪伦

所谓成功，就是用不懈的努力把有价值的理想转化为现实。——厄尔·南丁格尔

成功就是你正在向着真正的幸福走去，并且享受人生。——文斯·普法夫

当一个人为了比自己更加伟大的事物献身的时候，成功就是他的副产物。——维克多·弗兰克

衡量成功的标准不是最终结果，而是这过程中你所付出的努力的总和。要成功，首先必须订立目标，然后集中精神向目标迈进。我一天也不能放弃工作，因为我所做的每一件事情都令我感到很愉快。——托马斯·阿尔瓦·爱迪生

成功不是单纯地意味着金钱，它是一种能力和力量的积累，来帮助你经营人生。——皮特·扎弗拉

这个世界上的成功只有一种，如果你具备了可以帮助自己走向理想人生的能力，那么你就是成功的。——克里斯多夫·墨里

成功就是你站起来的次数比跌倒的次数多了一次。——奥利弗·哥德史密斯

成功地达成需要3P。即passion（热情），persistence（坚持），patience（忍耐）。——道格·布朗森

成功是日复一日的所有努力的总和。——罗伯特·科利尔

接下来到你回答了，你所认为的成功是什么样的呢？

问题二：你想在哪里生活？

这个问题是在问你5年后你想生活在哪里，或者是你渴望的工作环境是什么，包括在哪个国家、哪所城市、什么样的建筑物里，等等，要回答得很详细。很多人都是因为忽略了这个问题的重要性，而遭受了许多意想不到的困难。举例来说，有一位二十七岁的青年一直渴望自己能在大城市里过着华丽的生活，而他最终也在首尔最繁华的地带江南区附近找了一个公司就职。但是他的工资只够在京畿道安阳租一间房子，每天早晚要挤一个小时的地铁。由于承受不了这份辛苦，他最终还是提交了辞职书。后来他在安阳市内找了一家小公司，虽然工资比之前减少了20%，但是生活质量却提高了很多。

你想生活在哪里？你想在哪里工作？

首尔江南区中心地带？首尔外环，还是京畿道？盆塘？日山？天安？忠清道怎么样？江原道？庆尚道？济州岛？

在澳大利亚有一位二十七岁的青年麦克，他是一名沙漠旅行

考察团的导游，负责带领来自各国的旅行者历经众多困难，横跨沙漠。

亲近纯净的大自然，和旅行者建立深厚的友情，他过着比任何人都要幸福的生活。可是他却给我讲述了一个惊人的故事。实际上，他在当导游三个月之前，还在美国华尔街上的一家大型银行工作，年薪达到数十万美元，是一名真真正正的职场精英。他十七岁就去美国留学，毕业于名门大学，并且在世界金融中心的华尔街就职。然而他却放弃了这份许多年轻人都梦寐以求的职业，不带任何的留恋，回到了乡村气息十足的故乡。他为什么会做出这样的决定呢？本可以在金融界大展拳脚的麦克曾真挚地问过自己："麦克，你真正想要生活的地方是哪里？是华尔街吗？还是自己的故乡？在那片土地上，夜晚的天空中会闪烁着耀眼的星光……"这个问题只有他能够问自己，也只有他能够回答自己。"现在的生活不能令我感到幸福，我要回到自己的故乡，回到纯净的大自然的怀抱。"他这样回答道。结果证明他的选择是正确的，现在的他正体验着大自然带给他的神秘与乐趣，并和众多旅行者一起在沙漠中探险，踏着世界上最幸福的脚步……

现在你也试着问问自己："我满足于现在的生活吗？"

也许你的答案会令你的人生发生重大的改变，你或许会离开都市生活，走向乡间，也或许会走向美国和巴黎。当你放弃墨守成规的生活时，你的人生就会发生新的改变。最重要的是你开始倾听自己内心的这个答案，并且学会尊重它。正如赫尔曼·梅尔维尔在《白鲸记》里说的："人生就是一次回家的旅行。"

新的人生并不完全是未知的世界，因为在开始的时候，就已经注定那个世界是会令你感到幸福的。

试着倾听来自你内心的声音，并且要学会尊重它，因为它是你的本质，也是你的未来。在你为了活出自我而努力的时候，当你向着未来勇往直前的时候，不能让自身成为这条路上的障碍。如果一个人的障碍是自己，那他的人生就是最坏的剧本。

问题三：对你来说“有意义的人生”是什么样的？

当然这个问题不是简简单单就能回答的，但是也不能因为难以回答就蒙混过关。就算花费再多的时间，也要给自己一个明确的答案才行。

“有意义的人生”是没有绝对性的，就是说每个人的想法会不一样。因为价值观的不同，个人经历的不同，以及对未来规划的不同，都会导致每个人对“有意义的人生”的定义是有所不同的。

身边的友人经常这样对我说：“我想成为一个让社会尊重的人，那对于我来说就是有意义的人生，是有价值的人生。”

我尊重他们这样的想法，也同样尊重和他们不一样的想法。法顶禅师在《窝棚信》中说过：“如果有人当着我的面说很尊敬我这个人，我会感到非常恐慌，甚至无所适从，并且会感到心情不悦。如果真的尊敬一个人的话，就不应该当着他的面说出来。来自他人的尊敬其实是一种无形的束缚，因为不知道什么时候就会演变成非难和诽谤。如果疏于自我管理的话，这样的尊敬就会让人束缚于其中，而无法脱身。说实话，我的愿望就是想要过简单而平凡的生活，只跟随着自己的感觉和意识，顺其自然地过好每一天。因为人生是我自己的，没有任何人可以代替，所以我一定要按自己的想法去生活。”

法顶禅师忠实于自己的想法和感情，他并没有在政界或者是经济界留下伟大的业绩，因为那不是他所追求的“有意义的人生”。但是他却将自己一生的时间都专注在精神的道路上，他说过的话和留下的文字都成为了温暖而美丽的财富，并且直到现在依然留在很多人的心目中。

对任何人来说，“有意义的人生”和“活出自我”都是至关重要的。我们需要在不断寻找和追求的过程中，慢慢调整和决定，并最终实现一个有意义的人生。美国著名电影演员、曾饰演《不羁的青春》的偶像詹姆斯·迪恩这样说过：“如永生般逐梦，如末日般生存。”

时光匆匆，转眼间我们似乎明白了世界上所有的事物，所以每次看到那些不能按照自己意愿生活的人，我就会想起詹姆斯·迪恩的这句名言。追寻只属于我自己的人生，有意义的人生，有价值的人生，有梦想的人生，只有这样才是我们献给生命最好的礼物。

问题四：为什么你偏偏要选择那样的人生？

现在你已经知道自己真正想要的有意义的人生是什么了，虽然还没有完成，但是最起码你已经掌握了航行的方向。接下来，就来说说你为什么会选择它吧。

只是你的好奇心？还是为了名利、财富、社会地位？或者是你最喜欢的事情、你最擅长的事情？还是说能够长时间坚持下来？为社会做贡献？为了不辜负父母的期待，还是只是纯粹为了满足自己？

无论别人的答案是什么，那都与你无关。同样的，无论你的答案是什么，你只需要昂首阔步、充满信心地走下去就行了。迄今为止，我们已经花费太多的时间和精力去了解别人的人生了，甚至还为此遍体鳞伤。所以现在，我们只要听从于内心的呼唤，并努力的生活就可以了。

问题五：有意义的人生，障碍物是什么？

现实和理想之间往往都存在一定的距离，而在这之间无疑会有很多困难和障碍在等待着你。无论一个人的目标有多么简单，在前往它的路途中都会产生各种各样的问题，而这就是我们的人生。

现在出现在你眼前的困难和障碍是什么？你可以推测到的以后会发生的问题又是什么？是金钱、时间，还是人？只要你能想得到的，就写下来吧，并且按照顺序把你认为最有难度的问题写在最上面，然后依次向下排列。对你来说最难的问题是什么呢？只要你解决了这个问题，那剩下的问题就会越来越简单。但是如果你无论采取什么样的手段都无法解决这个最大的难题，并且又必须要放弃你选择的这个“有意义的人生”，那就要重新回到问题一，再一次开始回答我的问题。从这个过程中，给自己找一个“预备的人生”。当然，这不是失败，也不是挫折，而是“第二选择”。有时候，人生的“第二选择”往往会带给我们意想不到的益处。

问题六：你真正地了解自己想要的人生吗？

人人都有自己渴望的人生，可是能够真正了解自己人生的人却少之又少。

有一个年轻人曾在我的讲座上慷慨激昂地说道：“我会干出一番大事业，赚很多钱，然后建立自己的集团，并且一边帮助贫穷的人一边努力生活。”但是他却无法对我提出的问题做出回答，如：“你想干的大事业是什么呢？”“你事业的主要产品是什么？”“在员工的心目中你想成为一名什么样的领导呢？”“集团的规模是多大？想好怎么经营了吗？”

是不是觉得这些问题对于二十几岁的年轻人来说有点过早？其实不然。如果不能具体回答出这些问题，那他的梦想只会变成泡沫。什么是梦想？梦想，就是即使你准备得再周全、计划得再完善，也不一定可以保证百分之百的成功。梦想，就是一个人生的规划和目标。马马虎虎、潦潦草草地生活，又如何能实现自己的梦想呢？！如果真心想创立自己的事业，那就要学习有关的经营知识，学会收集情报和资料，并且最重要的是要让自己设身处地地走进那个环境中去。如果对慈善集团感兴趣，那就可以通过非营利机构做一些志愿者活动，或者捐一些钱，哪怕是一元钱也好，这都可以帮助自己积累经验。

问题七：是否已经有人过上了你渴望的那种生活？他们是什么样的人？你会经常和他们沟通吗？

一场旅行，明确的目的地虽然很重要，但是同样重要的还有一点，那就是这场旅行的同伴。著名心理学家丹尼斯·维特利曾经这样强调过同伴的重要性：“多数人没能达成目标的原因是他们没有界定它，或者从没认真地考虑过它们的可信性或可行性。成功者会很明确地告诉你他们将会去哪里，他们计划按照怎样的方法去做，和谁会跟他们一起分享这次冒险。”

也就是说为了达成目标，你身边需要有这样的人。这个人可以是已经走在你渴望的那条路上的人，也可以是与你并驾齐驱的人，或者是与你志同道合的人。如果有人已经实现了你渴望的梦想，那就一定要见见那个人；如果想要成为一名播音员，那就要见见正在任职的播音员；如果想要成为一名面包师，那就见见已经成功的面包师；如果想要在退休后再创业，那就见见已经再创业的人，并且要把他当作自己的榜样。

当然能够亲自见到是最好的，但是如果没有办法见面的话，通过书也好，网络也好，一定要积极和他接触。可以的话要经常见见面，交流一下。爱因斯坦说过："人生就像骑自行车，只有向前进，才能保持平衡。"

的确如此，什么也不做只会永远停留在原地。只有不停地旋转脚踏板，车子才能够朝着自己想去的方向前行。

爱因斯坦还说过："知道人生最大的悲剧是什么吗？就是你的外表虽然仍在呼吸，但是你的内心和灵魂已经死亡。"

我们到处都能看到认真做事的人，在地铁里也好，在办公室里也好，努力做事的人有很多。但是他们的心脏是否还在剧烈跳动？他们的灵魂是否还充满热情？我们可以通过那些已经实现了自己梦想的人去找回那份热情，分享他们的喜悦和激动。畅销书《如何与人交谈》的作者莉尔·朗兹这样说过："要找到可以帮助你获得成功的人，可以与你共同分享幸福和喜悦的人，并且能够成为为你点亮人生灯火的人。"

问题八：假如你已经拥有了自己渴望的人生，能否具体描述一下那时你的样子？

如果你对这个问题表现得稀里糊涂的话，就说明你并不明确自己想要什么样的生活，也意味着你对自己的人生并不负责。热爱你的人生吧，你要对自己的人生负责。为此，你要具体知道未来的自己是什么样子的，未来的生活是什么样子的。还好，我们每个人都有卓越的学习能力，通过学习和领悟帮助自己向梦想前进。而我们要不断向他人学习、向世界学习的原因也正因如此，不学习就无法明确地知晓自己的未来。20世纪著名的艺术家安迪·沃霍尔曾这样强调过学习的重要性："我们需要学习如何生活，但更需要明白这种学习的必要性。因为人生太短暂了，稍纵即逝。"

我一直都这样觉得："人生无法重来。"所以对我来说，时间是这个世界上最宝贵的财富，任何事物都无法与之相比。也正因此，我们需要具体地去描绘人生，经济且有效率地把自己真实的状态呈现在人生面前。

"我要抱着这样的哲学观和价值观生活下去。"

"我要为了实现自己的人生观去做那样的事。"

"我要和那样的人共事，并且和他们一起朝着我们的梦想前行。"

要像这样用具体的文字和图画来描绘出自己的构思和想法，要清晰地表现出未来的某一天或某一个场景，并且还要决定好自己人生的方向。

我有一个在大公司上班的朋友。

一次见面的时候他在我面前用严肃的口吻说道：

"我现在是为了生计不得已才在公司上班，但是5年后我会在大学路建立一个专门进行话剧公演的剧场。我会成为一名优秀的剧场主人兼话剧制作人，然后把最棒的作品献给所有前来的观众。知道为什么现在去看话剧的人不多吗？那是因为停车设施不完善。像电影院那样的地方，停车设施不是很完善吗？可是像剧场这样进行公演的地方，相对来讲设施就差很多了。不过你看着吧，我一定会建立一个停车设施非常完善的剧场，像电影院那样给客人提供最好的服务。并且还要雇用那些没有钱但却有才能的人，聚集最优秀的策划人以及专业演员等。还要让他们尽情在舞台上发挥，放出光芒。”

说实话，第一次听到他这么说的时候，我还以为他在开玩笑。可是几年后的某一天我偶然在大学路看到了他，那时的他正在积极地给自己的剧场做宣传。他的梦想一点一点地实现了，这更让我明白了具体的构想和表现的力量是多么重要的事情。

但是，仅仅有伟大的规划是不够的，要想实现梦想，就要具体描绘出那个伟大的计划。

影响数百万人的美国著名励志作家、演说家金克拉同样说过：“如果你想要达成自己的目标，就要提前想象自己已经成功的样子。要在心里描绘你想成为的样子，描绘你想做的事以及你想拥有的东西。要形象地表现出你登上顶峰后取得学位的样子，或者和家人一起幸福地生活在一起的样子：正在写书的自己，正在演讲的自己，成为优秀高尔夫运动员的自己，成功减肥的自己，赢得比赛的自己，等等。要提前描绘出已经实现自己目标的样子。”

我曾在一次聚会上做过一个短暂的演讲，当时在座所有的人都热情高涨，甚至热情得让我感到惊讶。而他们热情的原因就是因为他们清楚地了解自己的未来，他们自己渴望的样子正形象且具体地勾勒在他们的脑海里。

“三年的职场生活让我知道，其实自己并不适合这样的生活，于是我开始学习设计，虽然起步有点晚。我计划和家人一起移民到美国，在那建立一个自己的设计室，然后自由地生活。这是我想象的样子。”

“我做了十一年的家庭主妇，现在孩子也已经长大了，所以我想学习一下发型设计。我想象的样子是几年后我已经开了一家以自己名字命名的理发店，并且正在认真地给客人设计发型。”

“我现在做的是有关贸易出口的工作。首先我想在公司升职到理事级别，因为年薪和福利都很好。然后我会建立一个贸易出口公司，主要和欧美那边进行美酒业务上的贸易往来。”

“我是一名经济管理专业的大学生，假期的时候我会经常去做些接触消费者的工作。我感觉这份工作很适合我，所以我要慢慢积累自己在这方面的经验，然后慢慢成为一名消费者专家。之后还会自己写书，并且去各地演讲。我还会一直努力学习，考取心理学的博士学位。这就是我的目标。”

“我喜欢去越南、泰国和印度旅行，尤其喜欢徒步旅行。所以我想要建立一家专门徒步旅行的旅行社，然后和旅途中的人一起分享感动和快乐。我还要写书，给青少年们做演讲，鼓励他们勇敢地向新世界发出挑战。”

我再一次沉浸在他们对梦想的热情中，连时间是怎么溜走的都不知道。人生其实只有两种，一种是没有任何奇迹的人生，一种是任何奇迹都会发生的人生。你所选择的人生是哪一种呢？没有奇迹的人生，还是奇迹般的人生？

02

先问问自己“我是谁”

> 明确自己的真实身份，就像在生疏的旅行地有一个导游在自己身边一样。他们知道路在哪里，会指引你哪条路可以走，哪条路不可以走。

著名漫画家李元馥创作的《漫画世界系列》受到了世人的瞩目，他曾在一次采访中这样说道：“你是问我的真实身份吗？当然是漫画家了。”

记者一脸疑惑，再次问道：“可据我所知您现在是在职的大学教授啊……”

李元馥明确地回答道：“教授只是我的职业而已，一个教育学生的职业。我是一名从事教授职业的漫画家。”

我对他的这句话产生了很大的共鸣。我们总是认为一个人的职业就是他的真实身份，但是这个世界上有太多的人都做着与自己职业有很大区别的事情，而那才是他们的真实身份。

有的人，他们的职业是企业法人代表，可他们的真实身份却是社会企业家。

有的人，在中小企业的生产部门工作，可他们的真实身份却是学者或发明家。

虽然外表看起来很平凡，但是很多人都有着让他人惊讶的真实身份。比如网络创业家、旅行作家、影视专栏作家、乡土史学家、市民运动家、散户投资商、瑜伽讲师、料理研究家、民俗音乐家、广告摄影师、诗人、吉他手，等等。

无论你的职业是什么，你都可以拥有属于自己的真实身份。

这种意识的转换过程，其实就是你给自己设定一个新人生的过程。如果你现在还认为“现在我所做的工作就是我的真实身份”，而且这个想法十年甚至二十年后都不会改变的话，那么我劝你可以放弃新的人生了。

给自己制定人生战略的时候，最大的困难之一就是固有观念。固有观念会让你的人生变得模式化，会阻碍你对人生的思考。我曾经也是一个著名的广告人，但是我并不想将自己的人生完全束缚在“广告人”的定义中。虽然我会尽最大的努力去做好广告事业，也得到了业内人士的一致认可，但是我还是希望能有些其他的东西可以超越“广告人”带给我的影响，所以我也一直都在不断地改变自己。

所以我成为了一名事业家，成为了一家经营咨询公司的老板，成为了一名作家，成为了一名演讲家，成为了一名网络讲师，还成为了一名大学教授。这所有的一切都是因为我没有把自己从事的职业看成是自己的真实身份。

为什么不能把职业和真实身份混为一谈呢？

第一，可以帮助我们更加主观地看待人生，主导人生。

假如你是A企业的一名管理组组长，你会在不知不觉中成为一名符合“A企业管理组组长”身份的职场人士。站在公司和部门的角度来看的话，这是一件非常有意义的事情。但是站在人生的主导性角度来看的话，这却仅仅是悲剧的开始。与此同时，有的人已经开始准备另一种途径的人生，即“守住自己真实身份”的人生。而你却依然满足于安逸的职场生活，正如大多数人一样，沉溺在公司给予的恩惠中。所有的后辈都会喊你一声“组长”，你会尽心尽力接待所有往来客户，公司会认可你的能力，还会给你丰富的年薪。可是在七八年以后你离开公司的时候，你就已经变成了一个没有独立生存能力的人，因为这期间你失去了自己独立的能力。所以制定人生战略的时候，首先一定要清楚地知道你的职业并不是你真实的身份。

第二，不会轻易被别人摆布。

有的人一直无法找到自己的真实身份，是因为他们经常受到身边人的影响，也许只是别人的一个想法或者一句话。如果大学同学和自己说起创业的事情，就马上竖起耳朵仔细听听。然后就开始没有任何建设性地陷入苦恼中，而苦恼的程度也仅限定在“做，还是不做？”几天之后，苦恼的结果就是“这个我做不了”，然后又回到原点。几年后，当自己听说那个大学同学获得成功的消息时，会懊恼地说一句：“哎，早知道我也做那个就好了……”然后喝点酒排解自己郁闷的心情。我们的人生战略经常会失败的原因就是因为这一点。没有明确的目标和自己想要的真实身份，还会常常受短期性的潮流和趋势所影响，不断调整自己的人生步伐，结果只会让自己这条人生之路变得支离破碎、七零八落。不知道自己真实身份的人，既不敢果断接受，也不会断然拒绝，模棱两可，最终只会导致时间的荒废。

第三，会投入到真正的意义中去。

“投入”这个词曾有段时间是所有人经常热论的话题，就像人们都在期待通过这个单词找到魔法般的力量一样。

“如果真的投入进去了，那么在短暂的时间里，人的大脑也会收集到相当多的资料。”

“如果一个人在投入的状态下，就会得到意想不到的好创意，而这个创意在平常的状态下是根本无法想出来的。”

但是人们的这种期待多数都化为了泡影，消失无踪。我身边也有很多这样的人，甚至几百人都是这样的结果。为什么会出现这样的结果呢？专家们所说的“投入”难道只是一个虚构的假想吗？

事实并非如此。最起码可以感受一下“投入”的经历。那为什么只有极少数人能发挥“投入”的惊人力量呢？答案是“能够发挥这种惊人力量的人都是明确自己真实身份的人”。一个人对自己的真实身份模棱两可、摇摆不定，如果给他足够的时间，他可以“投入”进去吗？答案是否定的。相反，如果一个人对自己的真实身份清楚明了，那无论时间的长短，或者环境有多么复杂，他都会进入这种“投入”的状态。即便是在喧嚣杂乱的机场，也同样能够写出价值数百亿的策划书。

第四，帮助你实现“大义”的人生，而不是做一个自私自利的人。

人生之中会接连不断出现很多选择，而一个人所做出的选择会决定他的人生。人生其实和杂志经常出现的心理测试一样，当你对一个问题作出回答以后，紧跟着会出现下一个问题。而你选择的答案最终会让你到达一个目的地，最后，你毫无例外地会看见一段文字，“你是A型，你所需要的是……”

人生也是如此，从第一选择开始你就已经驶向了自己的人生之路。如果你的人生只有一个巨大的轨道，那你只需要一直向前就可以了。但是如果这条人生的轨道上还有很多分支的话，那你就需要做出选择了。但是你要知道，也许你的选择只是一时的、即兴的，又或许你被眼前的利益所蒙蔽，但是却会导致你失去长时间以来一直寻找的人生宝藏，所以一定不要成为一个自私自利的人。

我们的人生中会建立不少大大小小的战略。结婚的时候，装修房子的时候，生孩子的时候，在职场工作的时候，甚至退休以后，我们最需要的就是战略。如果通过战略引导我们的人生，任何人都有可能获得成功。

然而，成功的人总是少数的。仔细分析一下，我们会发现，大多数人无法获得成功的原因可以总结为三点。一是战略错误的人；二是在战略面前不付诸行动、迟迟不前的人；三是根本就没有战略的人。

因此，要想获得成功的人生，最重要的就是“战略”。为此，我进行了为期两年多的调查和研究，从人类历史上最具有影响力的伟人到打破世界纪录的运动健将，从取得惊人成绩的商人到通过最高级考试的专业工作人员，等等。从这些人多种多样的人生战略中，我最终得出了以下结论。

“永远走在前面的人，成功达成自己目标的人，实现自己所有梦想的人，不断取得卓越成绩的人，这些人都有着一个共同的特点，那就是他们都以5年为单位规划人生，并且会在这5年内集中自己所有的精力。”

第五，让你发挥出丰富的想象力。

七点起床，洗漱，吃早餐，上班。

九点开始工作，准备前一天的工作报告，联系客户。

吃午饭，拜访客户，开会。

每天都重复着一样的工作和生活，没有新鲜的体验，也没有任何改变。如果每天都这样持续下去的话，那只能证明你在慢慢接近死亡。是的，丢失的就是“想象力”。你原本是一个想象力非常丰富的人，只是你很久都没有进行想象了，现在你的生活中不再有任何特别的想法了。

无论一个投手有多么优秀，如果他长时间没有站在投手板上，那他拥有的只是已经上了锈的胳膊，他已经不再适合赛场，而只适合一个平凡小区内的大叔棒球团体。如果一个人清楚地知道自己是谁，知道自己前往的方向，那这个人大脑内部的所有情报会不间断地联合运作，于是就会产生大量的创新想法。独特的想法、想象力、创造性、创意性，这些会帮助你实现更加美好的明天。你的想象力会让你感受到，自己生活在“真正的人生”当中。

明确自己的真实身份，就像在生疏的旅行地有一个导游在自己身边一样。他们知道路在哪里，会指引你哪条路可以走，哪条路不可以走。有这样的指路人陪伴你同行，人生是不是变得非常可靠？而你有义务唤醒体内的“指路人”，并且要相信他，跟随他。如果没有这个先决条件，就盲目、焦急地想要改变人生，不要说有价值的收获了，最终也只会让你满身疮痍，一切又会回到原点。

来吧，快速旋转你的手表，让你来到5年后的今天吧！

现在试着回答我下面的问题。记住，此时是5年后的今天，这不是将来时，而是现在时。

问题：你是谁？

答案：我是（　　　　　　）

03

铭记汤姆的话

> 我们每个人都是自己的品牌，你所雇用的人或者雇用你的人，以及你遇见的所有人都是你的顾客。你可以努力经营属于自己的固有品牌，并提升其具有的附加价值。

听说过汤姆·彼得斯吗？曾获美国康奈尔大学土木工程学士及硕士学位，斯坦福大学工商管理硕士和博士学位，《财富》杂志把汤姆·彼得斯评为“管理领袖中的领袖”，经济学家称他为“超级领袖”。他的代表作《追求卓越》被称为“美国工商管理圣经”，仅在美国就销售了六百万册。汤姆·彼得斯说过：“我们每个人都是自己的品牌，你所雇用的人或者雇用你的人，以及你遇见的所有人都是你的顾客。你可以努力经营属于自己的固有品牌，并提升其具有的附加价值。”

当然，这是在一名教授和作家的前提之下，我自身就是一个名叫“河佑锡”这个品牌。正在读这本书的你，无疑已经对“河佑锡”的品牌形成了一定印象。通过看“河佑锡”的简历或之前的作品，也或者通过你正在读的这本书，你会觉得：“啊，原来河佑锡是这样的人啊。”

每个人都是一样的，对于身边的所有人来说，你都是一个固有的品牌。长时间以来，通过你的言语行动、他人对你的判断以及个人喜好，身边的人就已经对你这个品牌做出了评价，并且已经把这个评价深深地刻在脑海中。

“那个朋友很聪明，还一直都坚持自己的主张。”

“这个部长总是那么开朗，还非常有亲和力。就像亲哥哥一样，每次遇到问题都能第一时间帮我想办法。”

“总觉得朴代理不值得信任，他总是对自己的工作有很多不满，也没有热情。我觉得现在还不能把大项目交给他去做。”

“你是说金老师吗？脏活累活他都抢着去做，我们学校要是没有金老师可是要出大事的！因为没有一个人能代替他。”

无论你愿意与否，他人对你的评价以及对你的印象已经在不知不觉中形成了，甚至此时此刻也都在形成着。

下面是一封我写给汤姆·彼得斯的信。我希望通过这封信，你们可以读懂我的一些想法，一些我对汤姆·彼得斯高深洞察力和见解的理解。也希望通过这次机会，能帮助你在建立自己“品牌”的问题上提供一些灵感。

致亲爱的汤姆·彼得斯先生：

汤姆，我觉得你是对的。

第一次看到你的话时，我一方面很认可，另一方面又在想你的想法是不是有点过于激进。

但现在我完全认同你的想法，因为人在不同的环境里所持有的心态是不一样的，比如风平浪静的生活和波涛汹涌的生活。这两种环境中的人对你的话所做出的理解自然是不同的。所以当我以自己的名义向这个世界发起挑战时，我终于开始认同你的想法。

你这样对我说过：

“从运动鞋上的特有花纹就能一眼看出来，你的鞋是什么品牌；从你手里拿的咖啡杯就能知道，原来你是喜欢星巴克的人。袖口上绣着‘C’的衬衫，李维斯的牛仔裤，刻着生产厂家的钢笔，等等，你完全生活在被品牌包围的世界里。现在，是你该向这些品牌学习的时候了。只要你想在这个世界上获得成功，并且想知道要成功自己需要具备什么资质，那就来学习吧。无论你的年龄、职位以及行业是什么，你都需要了解品牌的重要性。我们每个人本身都是一个机构，而这个机构的经营者就是我们自己。为了成功，我们需要不断地推销自己，让自己成为自身品牌的第一销售人。这说起来虽然很简单，但是做起来却很困难。”

是这样的，我喜欢喝星巴克，喜欢穿李维斯的牛仔裤，是因为我了解这些品牌，而且喜欢他们，因为喜欢就会再去购买，也因此而感到满足。继而会更加喜欢它们，并且渐渐习惯了它们。不仅如此，我还会向身边的人推荐这些品牌：“星巴克的味道是最好的，而且环境也是一流的，服务还好。”“李维斯的款式给人一种干练的感觉，所以很好。”

的确，卖咖啡也好，卖牛仔裤也好，这都是一种市场。劳动力交易也是一样，无论说得多么好听，本质上就是一种市场。能力也好，经验也好，可能性也好，最终的结果就是用合适的价钱买回去和用适当的价钱卖出去。我也无法否认自己一直生存在市场之中，而且不仅是我，所有的职场人士也都一样。

想到这里，不禁会让人心里一颤。这个名叫“河佑锡”的品牌对消费者来讲，是否也像星巴克一样，让人方方面面都感到满足？是否像李维斯那样，具有吸引人的魅力呢？

当我开始对自己产生怀疑的时候，您又这样对我说：

“许多大型企业都争先恐后地收购和自己并驾齐驱的企业或者著名的新兴企业，以实现自己的持续增长和壮大。1996年美国企业间的收购率达到了史上最高值。当时好莱坞只制作电影，出版社只努力做好畅销书。但是不要被大型企业间的规模大战所骗，真正有意义的事情恰恰在相反的另一面。在自己的领域中尽最大努力，实现最好的成绩，也许你就会像耐克一样，创造一个属于自己的绝无仅有的大品牌。这就是所谓的自由媒介时代。接下来你就会拥有众多发展的机会，并且在这个时代中有自己稳定的地位。换句话说就是，所有的人都会开始注意你。每个人都有机会去学习、发展自己、磨练自己，也有机会成为他人眼中有口碑的好品牌。”

您的这些想法最起码在我这里得到了证明，我的策划能力、广告策划方案都得到了业内人士的一致认可，并且我也成为了该领域的专家。很多企业邀请我去做讲座，我写的几本书也都成为了畅销书。我很清楚，自由媒介时代并不一定意味着要离开公司独立创业，它所指的是“创意”。因为就算是在公司上班，做一个上班族，也可以创建一个属于自己的品牌。我为这样的人感到骄傲，我要为他们呐喊助威。

我想把你的这番话转达给那些有梦想的人们，那些渴望新人生的人们。我相信这些话对于他们来说是最好的礼物，因此我在这里代替你这样劝导他们。

“首先要找出自身的长处和优点，并且能够区别于其他竞争者和身边同僚。比如说，为了能让自己崭露头角你需要做什么？比起他人你最能够吸引消费者的优点是什么？你有没有能够吸引他人注意的特征？当你找到了可以区别于他人的优点时，就丢弃那些早已经陈旧的宣传用语吧，忘掉你的职位，然后问自己：‘如果想要让自己变得更加与众不同、更加有价值，我需要做的是什么？’接下来忘记自己的工作环境，然后再次问自己：‘最令我骄傲和自豪的是什么？’忘掉迄今为止你在工作上取得的成就吧，反问自己：‘有没有一次成功让我一点都没有感觉到羞愧？’如果你计划创立一个属于自己的品牌（Brand You），那就要找到能够真正扩大自身价值并且能够令你感到自豪的事。如果你能回答上面的几个问题，那就说明你可以开始策划自己的品牌了。现在，最后问自己一个问题：‘我想凭借什么获得成功？’是这样的，我们每个人都应该获得成功。”

亲爱的汤姆，你准确地分析出了大多数人所纠结的问题，并详细描写出普通人想要做什么、想要成为什么。但是惟一遗憾的是，对于一个人想要做好什么以及能够做好什么，您做出的分析太少了。理想和现实之间的差距真的是太大了，就像想要长大的孩子一样。

您并不仅仅指出问题的症结所在，还干脆利落的把解决办法告诉大家。在这里，我再次向您表达我的感谢之意，也许在这个世界上有几万甚至几十万的读者，都因为您的话而改变了自己的人生。而我，也是这些人中的一个。

您说的是对的。

为了表达对您的敬意，我写了这封信。

来自韩国的一名教授兼作家

04

目标就是人生的CEO

我们人生的CEO就是“目标”，只有用“目标”来引导我们的人生，我们才不会在诱惑和挫折面前跌倒。

30年间，一直努力学习，努力准备，终于走进职场，但是喜悦和兴奋也都只是一时的。

结果不用说大家都知道，就连中学生都很清楚：最多10或15年后，我们就要离开那个职场。

我曾去过一家电子公司做讲座，听众主要是市场营销经验在一年到三年之间的员工。因为公司很出名，所以人才也都非常优秀。就连休息的时间大家也都一直忙着打电话，有的讲英语，有的讲中文，有的讲西班牙语。仅仅10分钟的短暂时间，他们都利用起来和客户沟通。那时我想“能够拥有这么多优秀的人才，这个公司真是挺有福气的。”

但当我开始和一名职员展开对话时，我的想法一下子就改变了。

“教授您好，我现在有一个事业计划，想要向您咨询一下。您有时间么？我想去拜访您，您觉得可以吗？”

“把公司内部的事情说出去不太好吧？”

“不是公司的事，实际上我马上就要辞职了，打算自己创业。所以，想让您帮我看一下我的计划书。”

“哦，这样啊……”

当看出我的表情有些意外的时候，他赶紧用轻松的口吻对我说道：“我可不想一辈子都为别人做事。”

“可是你现在的工作是很多人都羡慕的啊。”

“我不想让自己的人生永远是被动的，永远都受别人的指挥是不行的。其实在座的好多人都已经有我这样的想法了，并不是只有我这样想的。”

虽说是很出名的大企业，可是一旦去上班后才发现，和普通小公司并没什么区别。自我开发并获得成长的机会，可能性是很低的。所以导致公司全体员工的平均就业年限只有7年，也就意味着升职到了某个级别后就要离开公司。而这家企业的年轻职员们也一样，两个人之中就有一个在考虑跳槽或者以后自己创业的问题。

为何连屈指可数的大企业里也会存在这种现象呢？

我认为这是企业和员工之间的利害关系导致的。站在企业的立场，他们肯定是希望可以留住有用的人才。但是在无形之中，企业与企业之间也在进行着人才的赌注，大家都在为了聘请更加优秀的人才而激烈地竞争。而且永远不要忘记，公司会尽最大努力维护自身的利益，即使在没有人才的前提下，他们也会想尽办法生存下去。那么，作为职场人士的你要怎么办呢？因为公司即使没有你，也一样可以正常运转。不管你是不是一个值得留住的人才，公司并不会挽留已经打算离开的员工。因为公司早已经做好了备案，一个可以随时取代你的备案。那么你要怎么办呢？你有什么备案吗？用一句话来总结就是：不能把所有的希望都寄托在你正从事的这份工作上。即使你可以在一个公司工作5年甚至10年，你也要有足够的自信告诉自己："我的命运由我自己决定。"

围棋界经常会出现一个术语叫"大马不死"，意思是说："一旦大的势力已经形成了，那它的力量和威严就不会轻易消失。"这个术语一样适用于政治、经济以及社会所有的领域，当然你可能要说这个世界没有什么东西是永恒的，但是最起码比起其他的事物，有势力的会维持得更久一点。而我们要制定的5年战略，也正是我们人生的"大马"。

"大马不死"的出发点源于"任务"，只有明确地给自己任务定义的人，才能朝着那个理想的世界迈出自己的脚步。他们的每个脚印最终会成为历史，历史也会成为他们的诗篇。国家的历史发展是这样的，个人的历史发展也是一样的。

华特·迪士尼是这样给自己的任务定义的："我要让他人变得更加幸福。"谷歌的CEO埃里克·施密特的任务是："我要集中全世界所有的信息，并且要让每一个人都能轻易的看到并使用他们。"耐克的创始人菲尔·奈特给自己的任务是："我希望可以给全世界所有的运动员带去灵感，并由此带来一场革新。"

任务并不是伟大人物的专有产物。我有一位朋友是大学教授，他的任务是这样的："我希望可以成为学生们的好榜样，教会他们生活所需的知识和智慧。"还有一位获得很高评价的IT领域年轻的研究专员，他这样对我说道他的人生任务："我要成为社会和企业所必需的人才，在快速发展的IT领域密切注视和推测它的变化。”

任务也不一定非要和自己的工作有关，我认识一位40岁的中年女性，她这样说过：“我会把自己的爱心最大化，然后毫无保留地奉献给别人，并且不会后悔。这就是我的任务。”

如果一个人想要主导自己的人生，就要根据自己的价值观去给自己布置任务。但是任务不是为了展现给他人看的，所以没有必要太注重它的外表光鲜与否。只要在受外界影响而动摇的时候，这份任务能够帮助自己稳定身心就可以了。著名诗人以及哲学家拉尔夫·沃尔多·爱默生说过：“成功的首要秘诀是自我信任。因为它可以让你相信自己的出世是造物主的选择，并且你拥有着世上独一无二、只属于你自己的特殊才能。”

任务会让你的人生变得贵重。人类历史上最伟大的拳王舒格·雷·罗宾逊说过：“即使这个世上没有任何人相信你，你也要相信你自己，而且要坚定不移地相信，因为只有这样你才能成为冠军。”

如果想要让自己拥有一份坚定不移的信念，那就要下定决心守住自己的任务。时时刻刻都在发生变化的任务是不行的，要让你的任务成为一种习惯和信念，无论在哪里都要意识到自己的想法、态度以及行为都会对其产生一定影响。我们人生的CEO就是“任务”，只有用“任务”来引导我们的人生，我们才不会在诱惑和挫折面前跌倒，这也正是“大马不死”的人生真正的含义。

千万不要给自己过低的评价，也不要拿自己和他人进行比较。

更不要让眼前的压力左右自己的人生。

现在的你正在职场上经历怎样的困境？和领导间有矛盾？业绩不好？与同事之间有竞争？

用“大马不死”的精神抛开一切琐碎的烦恼吧，昂首阔步，新的人生正在不远的前方。

“我相信上帝创造人类，并不是为了让我们平庸地生活。”美国历史上最著名的橄榄球教练卢·霍兹这样对我们说道。

把只属于你的任务放在5年战略的最前线吧，因为只有这样，任务才会带领你向新的人生发出挑战。

05

如果热爱，就请成为“屈指可数”的那一个

努力成为一个“独一无二”的人，并且要为了这个目标而生存。要想成为“独一无二”的存在，就要爱上那条属于你自己的“独一无二”的人生之路。

我在一本书中看到过这样一位老人。

老人疲惫地躺在病床上，努力睁开双眼，看到很多人围绕在自己的床前，眼里还都充满了悲伤。这天是老人生命的最后一天。

他用尽全身的力气说道：

“啊，大家都来了。我小时候的伙伴们啊，你们是来和我道别的吧？真是谢谢了。”

站在老人身旁的人，紧紧握着老人的手。

“是啊，我们是你的老朋友，都和你有着特殊的情感。但是，你现在却要丢下我们了，知道我们都是谁吗？我们就是你还没来得及发挥的才能和你还没发现的潜能。我们大家今天都为了你才聚集在这里，但是老朋友，我们不是为了要给你安慰，而是想和你一起送走今天。”

你会感到恐惧吗？没来得及发挥的才能和还未被发掘的潜能，在同一天送走生命，看到这里你的感觉如何？我们应该从这

个简短的故事里得到一些教训。

我们每一个人都有着区别于他人的才能、特长、潜力或者兴趣，那这样的区别到底有没有引导你的人生呢？如果没有的话，你就要重新构造一下自己的生活了。如果你每天都习惯于接受别人指使，盲目地过着赚钱的生活，并认为这就是在引导自己的人生，那你的生命只能是平庸、毫无意义的。

诺贝尔文学奖得主约翰·马克斯韦尔·库切创作了很多有关领导力的书籍，他是这样描写人生的："正如很多人一样，我的情感是用来引导他人，并且和他们进行交流沟通、建立关系的。我可以完美地做好这四点，其他的方面即使分数很低也没有关系。当然我身边的人会很了解我，所以我会与那些能弥补我缺点的人组成团队，开发一些依存于我自身情感的方法和习惯，然后再慢慢熟悉它们。现在我来说说那些引导我走近梦想的习惯吧。我每天会阅读一些以领导力为主题的文字，会整理一些有关领导力的内容，然后自己写一些有关领导力的文章。我每天都会讲述有关领导力的故事，还会进行提问，然后帮助别人做练习。我每天都会对领导力进行思考，然后告诉他人领导力所具有的价值，还会每天都给领导人士讲述领导力的故事。"

可以感受到约翰·马克斯韦尔·库切对领导力的热情了吗？他能够成为该领域独一无二的专家，并且获得巨大的成功，这一切都是理所应当的。他创作的有关领导力的书籍成为全球畅销书，他举行的讲座遍布世界各地，参加的人数不胜数。

现在的你每天把注意里投放在哪个方面呢？你喜欢的工作是什么？你现在做的是什么？你对它的热情有多少？你是否充实地

度过每一天？你有没有通过读书或者学习去思考、交流，并且获得自身的发展？你热爱自己做的这件事情吗？

从前我热衷于市场和广告事业，具体一点来说的话就是AE、广告策划人。在韩国，出名的大广告公司有几百家。TBWA以及大弘计划等，这样的著名企业鳞次栉比。而在这样的大公司里，出类拔萃的策划人也比比皆是。当然，那时在大广告企业上班的我也一样。你觉得当时的我是什么样的呢？你觉得我在该公司里是一名出类拔萃的人才吗？

答案是“YES”。在公司内部里，我没有竞争对手。不是因为没有人才，也不是因为我太过于优秀，而是因为从一开始，我的竞争对手就是其他公司。

我的目标是“成为业界屈指可数的策划人”。从进入该公司一年以后，我就把这个目标深深地刻在了自己的心里。因为越是知道自己想要什么，就会越发明确自己该做什么，并且还会更加容易找到解决问题的办法。这个目标让我的每一天都充满激情，甚至在我的印象里，我连周末休息日也在不断工作。但是我感觉自己比任何人都要幸福，尤其是在周末的时候，工作结束后走出办公室，望着天边的晚霞，漫步回家，不知道为什么，我总是会感到满足和欣慰。

我总是在想：“一边赚钱，还能一边学习，这是一件多么幸福的事啊！”事实上，我的确学习到了很多，不是因为受别人的指使，而是自己为了做好工作，才不断地学习新的知识，并且学习给我带来的收获无疑是喜悦和满足。不知不觉中，我变得非常有自信。每次和他人见面的时候，我都能够大声地说出自己的目标是成为业界的“TOP5”。当然，这条路注定不会是一帆风顺的，会有很多挫折和危机，有业务上的失误，也少不了他人的质疑，甚至还会有来自于客户的羞辱。但是这一切都会成为我们成长的基石，帮助我们走向成功。至今我还清楚的记得下面的两件事情。

第一件事情。

在公司里努力工作的结果就是，我在很多业务方面都变得非常有信心。市场、广告以及宣传等，我积累下来的知识比任何人都要丰富。多方面的策划经验和实践能力，使得我在业内获得了肯定和认可。

渐渐地，我产生了一种愿望，想要转到一家更大的公司里。所以在A公司招聘资深策划人的时候，我投了简历，并且静静地等待回复。不出意料，我接到了面试的通知，自己也非常有信心可以成功。但是结果却不尽人意，不知道是不是我过于自负了。在前一晚的大学同学聚会上，我喝了很多酒，甚至面试当天还散发着满身的酒味。自负究竟意味着什么，我算是真真切切地体会到了。

第二件事情。

第一件事情过去几个月以后，我又向B公司提交了简历。这家公司在业内的业绩也一直呈现上升的趋势，因为事先已经和新工作组商讨过业务上的内容，所以离职也是定下来的了。虽然新工作组组长说面试只是形式上的过程，但是直到面试当天我才突然意识到一件事情。

“转到我们公司就业的人，如果是来自比我们规模小的公司，那他们的工龄只能按实际的80%来计算。”

“什么？”

我觉得很荒唐，如果实际工龄是5年的话，也就意味着要减少接近1年的工龄。我郑重地拒绝了之后转过身，因为我的自尊心不允许这样。

通过这两件事情我意识到，我需要更加尽力地提高自己的能力。几个月之后，当其他大公司再来聘请我的时候，我变得很有志气，自豪地说道：“很抱歉，现在正在接手的项目实在离不开我。”

拒绝其他公司的聘请一直持续到我离开广告公司的那天，对我来说，这种拒绝可以说是一种享受。甚至连我创立了自己的公司之后，还有人给我打电话来聘请我去上班。

“希望你能来我们C集团，并负责我们的广告宣传。”

“真的很感谢您对我的器重，但是……”

每次这个时候，我的心情都变得很好，脸上还会不禁浮现出微笑。

每一位职场人士都有自己的名片，现在我们就来说说有关名片的问题。一般的名片上会按顺序写着公司名、所属部门、职位以及姓名，换句话说，就是我们都生活在公司的羽翼之下。而且我们所有人对这样的先后顺序并没有感到反感，反而轻易就接受了这个事实。原因是什么呢？虽然自己的名字被压制在公司的名称之下，但是一想到自己只是公司的一部分的时候，所有的人就开始满足于这个事实。

在广告界流传着这样一句格言：“一名大型广告公司的AE要做到以下三点。第一，要推销客户的产品；第二，要推销自己所属的广告公司；第三，要推销自己。”（AE是Account Executive的缩写，是客户执行、客户服务、客户主任，它是指在广告公司中执行广告业务的具体负责人。）

至今我还清晰地记得自己第一次听到这句格言时那种激动又紧张的心情，并且为了做到这三点，我的确付出了很大的努力。认真地推销客户的产品，即使有时也会怀疑自己所做的到底能不能提升销售额，但是仍然努力地做好。电视广告、报纸广告、杂志广告，甚至包括促销活动以及每季度的商场展示，我都仔仔细细去准备。不懂的事情我就去学习，不仅帮忙修卖场的玻璃窗，下雨的时候还提前做好天花板的防水工作，等等。也许正是因为我这样认真和努力，比起公司，客户更加信任这个名叫“河佑锡”的人，并且开始把重要的项目交给我来做。

不仅如此，我也努力推销自己的公司。本来是位于业界20名以下的公司，在转眼间就晋升到了业界前10名，并且一直以第一企划、hsad、大弘企划、korad以及oricom这5大企业为目标，不断前进。在他人眼里，我不是一名公司的职员，而是一名冲锋在前的战士。当我接连地拿下两起连公司上级领导都无法争取下来的项目后，整个公司的震惊了。员工们都纷纷说道：“听说这次的大项目又是河佑锡拿下的。”“真的？上次K企业的项目也是他做的呢……”我一下成为了公司所有人都瞩目的名人。

同样的，我也努力推销自己。当然推销自己最好的方法就是上面两点。认真推销客户的产品，并且努力推销自己的公司，做这些的同时也就是在推销自己。渐渐地，就开始有不认识的人来主动找我。

有一天，我接到了一个著名广告公司的电话。

“请问是河佑锡先生吗？”

虽然是第一次沟通，但电话那边直接进入了正题。

“您的盛名我们公司这边早就有耳闻了，所以想问一下您有没有意向来我们公司呢？”

我告诉他会考虑看看，然后就挂断电话了。三天后，这个人亲自找到了我。

“我在您公司楼下的咖啡馆等您。”

年薪也好，职位也好，该公司给了我非常好的条件。当他第三次找到我的时候，我不禁想起了刘备“三顾茅庐”的情景。但我还是拒绝了，因为当时的工作对我来说是非常快乐又满足的。

那件事以后，我更加努力工作，为了更加提升自己的价值。这份努力让我成功地推销了客户的产品，也成功地推销了自己的公司。但是有一点我非常清楚，名片上最重要的信息是我的名字，它比任何东西都要重要。我不断告诫自己这一点，并且清楚地意识到“如果想要做好一件事情，那首先就要爱上它”。

美国摇滚乐队“感恩之死”的队长杰瑞·加西亚这样说过：“我们不应该满足于他人对我们做出的最高评价，而是要一直努力地成为他人心目中独一无二的人。”

是的，只满足于“最高”的评价是不行的。因为这个评价可能随时就会被别人夺走，所以我们要努力成为一个“独一无二”的人，并且要为了这个目标而生存。要想成为“独一无二”的存在，就要爱上那条属于你自己的“独一无二”的人生之路。

06

最好的天赋是信念

> 一个人如果拥有信念，即便一开始他并不具备可以获得成功的能力，最终他也会变得具备这种能力。

人生就是新事物的延续，就连今天的你也正在迎接新的事物。在地铁里和身边的新人并排坐在一起，看着新出炉的广告，接触新的新闻，学习新的流行语，制作新的工作资料，和新客户商谈，收到新来的邮件，读新出版的书籍，看着新的电视剧，做着新的梦，一觉过后你又迎来了新的一天。

所有新鲜的事物都需要你的挑战，而挑战的过程中，你的意志越强烈，你的人生就会变得更加自我。

举例子来说一下。想要实现自己一直梦寐以求的文化生活吗？如果是的话就走向艺术的殿堂吧，然后欣赏一场管弦乐的演奏；漫步在仁寺洞的路上，然后走进一间自己喜欢的美术馆；去大学路那边看看，然后在众多演出中选一部自己感兴趣的欣赏一下；去大书店转转，徘徊在自己一直没来得及阅读的诗歌和随笔的拐角，然后选一本自己喜欢的书，尽情地读下去；带着照相机去公园走走，把自己想要留住的景象尽情的拍下来，天空，建筑物，树木，花草，还有人们。

想要和身边的人一起体验生活吗？

环视家里，遍地都是自己不穿的衣服、不看的书籍、不常玩的玩具，也许这些自己不需要的东西正是别人所需要的。那就把它们寄给救济团体吧，然后买一些帮助贫穷儿童的慈善手镯，自己留一个，其余的送给身边的家人和朋友，并且告诉他们手镯的意义。让他们把零钱存在一个储蓄罐里，然后等储蓄罐存满的时候就捐给慈善组织和团体。

仅此而已吗？只要下定决心，任何事情我们都可以做到。有两个人正在谈话，其中的一个人对所有的事物都充满好奇心，并且总是很积极乐观；而另一个人一直很消极，不断地对事物进行否定。

如果让这两个人谈一下自己对挑战和成就的想法，积极乐观的A肯定会这样说："这个世界有太多的事物正等待着我们去挑战，我会尽自己最大的努力去迎接这些挑战！"我相信A在说这些话的时候，双眼一定会闪烁出耀眼的光芒，并且一定会紧握双拳，然后微笑着说："我会通过挑战来实现自己想要实现的事情！"

而对所有事物都很消极的B又怎么说呢？

"人们总是在挑战之后才意识到成功的概率究竟有多低。这个世界上因为失败而叹息的人简直数不胜数。挑战只不过是有钱人的一种游戏罢了，而所谓的成就对于这些有钱人来说简直就是轻而易举。偶尔出现在报纸或者电视上的人间胜利，就像电视剧里说的那样，只是一个奇迹。如果有人相信每个人都可能是奇迹的创造者，那我会毫不犹豫地马上告诉他不要做梦了。因为对一般人来说，每天的生活就已经足够让人感到疲惫了，更不要再说什么挑战了。”

我的心情很复杂，因为消极的B是真实存在于我身边的人。他的人生就像他自己断言的一样，“每天都是很疲惫的人生”。

陷入消极的想法最终可能导致个人的毁灭，相反，积极乐观的想法和态度则会带领人翱翔在梦想的天空，并最终着陆在成功的大地上。

拿破仑·希尔在对包括福特、西奥多、安德鲁·卡内基等504位著名人士进行取材分析后，最终找到了他们共同的“成功秘诀”，即一个人可以取得成功的魔法般的力量就是要有“积极的精神状态”。他在《拿破仑·希尔成功学全书》里这样写道：

“积极的精神状态无论在什么情况下都可以帮助我们把事态扭转到对自己有利的一面。换句话说就是，无论是有利的环境还是不利的环境，它都可以帮助我们掌握均衡的生活，并且最终获得心灵上的平和。积极肯定的精神状态可以帮助你在失败和挫折的逆境中找到补救的种子，并让这颗种子朝着对你有利的方向发芽生长。生活中我们难免会遇到一些不尽人意的事情，但只要拥有积极肯定的精神状态，我们就可以找到补救的种子。也就是说当我们拥有积极肯定的精神状态时，我们就可以在失败中得到教训，它是一种帮助我们不断朝着自己想要的方向前进的一种意志。然而很多人却陷入了恐惧和忧虑之中，渐渐地，他们的人生开始面对一系列的恶性循环。但是这样的人又往往把自己的不幸怪罪在别人身上，因为他们消极的思想，还会告诉自己这是咎由自取。积极肯定的精神状态会帮助我们客观地评价所有遇到的问题，而且会让我们区分开可以克服和克服不了的事情。拥有积极肯定的精神状态的人，会尽自己一切努力去克服自己可以克服的问题，而即便是自己克服不了的事情，也会一边摸索着一边坚定自己的信念，因为他们不会让自己积极的想法演变成为消极的。积极肯定的精神状态会通过冷静的判断力和坚定的意志帮助我们稳定自己的情感，让我们无论在什么情况下都能够坚定自己的想法，并且毫不动摇。即便是突然遇到了不幸的事情，它也不会让我们失去冷静。积极肯定的精神状态是造物主认可的能力，这种能力会以信任为媒介，帮助我们实现自己的目标和梦想。无论外界是给予帮助还是妨碍，它都会帮助我们调节自己的精神状态，并且帮助我们开发自己与生俱来的权利，也可以把所有障碍物转化为自己成功路上的垫脚石。”

近日，我和一位女大学生进行过一次谈话，她对自己的现状这样描述道：

“说实话，我真心觉得这个大学不怎么样，学生的水准也很差，去年当我看到成绩单的时候都不禁笑了出来。与高中的时候相比，在学习上付出的努力连1%都不到，却还能得到A、A+、B+这样的好成绩。我真想明天就离开这所学校，假期的时候考虑又考虑，不知不觉第二学期又开始了，现在也没有办法了。而且我实在没办法和父母说离开学校的事，因为最初我说要来这所学校的时候他们就很反对，是通过我再三说服他们才最后同意的……哎（叹息），在来学校之前我哥哥对我说，要是想去那所学校的话，还不如高中毕业后就去做自己想做的事呢。我哥哥可是在首尔的重点学校上学。”

一边听她诉说，我一边告诉她我的想法。“想想自己现在最想要做的究竟是什么吧。我觉得你应该对自己的人生负责任才行……试着把你渴望的人生用文字整理出来，也许在那些文字中间你就会发现一直被自己忽略的东西，或者找到自己所具有的潜能。”

但是她却沉默不语，并再一次发出深深的叹息。本来想帮助她找到积极的突破口，可瞬时间被她的反应打消了我的念头。也许是因为她的想法已经被消极因素完全占据了，所以无论我说什么她都听不进去。

说实话，我也曾是一个有消极想法和态度的人，并且也会说一些消极的话。当然，现在的我有时也会说出一些消极的话语，但是现在的我和那时并不相同。如果消极的因素在我体内开始蔓延，我会第一时间告诫自己“现在有不好的因素正在支配我的思想”，然后马上振作起来，并且很快就会产生能够让我逃脱消极因素的强烈意志。

圣雄甘地这样说过：“一个人如果拥有信念，即便一开始他并不具备可以获得成功的能力，最终他也会变得具备这种能力。”

信念创造才能，我们常常陷入消极状态的最大因素就是因为我们缺乏战斗意识。因为恐惧离开自己已经熟悉的生活，不知道该去哪里，也不知道不该去哪里，这时消极的想法会自然而然地进入我们的生活。并且为了停留在那种状态，不断地给自己找各种借口。之前我也强调过，在建立人生战略的时候不应该给自己找逃脱口，一定要给自己找到突破口才行。

我们之所以需要“此后5年”的战略，是因为“变化”。刚开始时现存的均衡会被推倒，就像穿上不合适的衣服一样，让人感到不适应，但是马上就又会变得习惯。因为我们每个人都有着特有的适应力，这种适应力的出口是消极的方向还是积极的方向，决定着我们人生巨大的差异。

制定战略实际上就是一场通向不同人生的旅程，你会因此而找到新的目的地。不要犹豫，踏上这场旅行吧！你会找到自己真正喜欢并且渴望的事情，不要犹豫，试着去爱上这件事吧。

第 四 章

找到属于自己的道路

CHAPTER • 4

当5年规划制定后，当你朝着目标大步迈进时，肯定会有人拼命地想要扯住你的后腿。也许一开始他们会劝你要制订与自身水准相匹配的目标，还会美其名曰这是为了你好。但是如果这个方法对你没起到什么作用，他们就会立马转变态度，对你百般刁难甚至恶语相向。而此时的你，不要沮丧，也不要生气，面对攻击、非难和指责时，记得报以宽容的微笑。不要让他们误以为自己的推测成真了，你要把这些否定变成前进的动力，要活出个样子来证明给他们看。

01 无论何时都不要放弃尊严

我们的人生需要的是自己给予自己的尊重，我们的人生需要自己去认真聆听。
指望别人给自己带来变化，或者仅仅等待可以改变自己的机会，这样的人往往是不会有任何改变的，因为只有自己才能够给自身带来变化和机会

美国总统巴拉克·奥巴马曾经说过：“如果你的人生只在意如何去赚取金钱，那么你的愿望就会变得贫穷。”因为你追求的东西对人生来说是没有价值的，只有发掘出自身的优点，你才能充分地发挥自己的潜能。

黑人不是美国社会的主流阶层。奥巴马身为黑人，因为自己的种族背景，很难取得社会和周围环境的认可，他觉得自己像“外星人”。对他而言，没有温暖的祖国，更不存在亲切的社会。青少年时期的奥巴马甚至和朋友一起在农场角落里吸过毒，这些朋友中，与奥巴马关系最好的当属科斯。几十年过去后，奥巴马俨然已成长为世界领袖，而科斯却依然在洛杉矶过着无家可归的流浪生活。为什么会产生如此大的差距？这是因为奥巴马选择脱离陋巷走上人生的大路，科斯却依然身处陋巷徘徊不前。奥巴马又是如何脱离陋巷的束缚呢？是因为他听从了自己的内心，

做自己想做的事情。

比起吸毒、叛逆和堕落，内心的渴望和欢乐更能带给奥巴马刺激。他说："指望别人给自己带来变化，或者仅仅等待可以改变自己的机会，这样的人往往是不会有任何改变的，因为只有自己才能够给自身带来变化和机会。"

听从自己的心，做我们喜欢的事情，自尊心也会不断地提升。换句话说，自己的人生哲学与判断就是解决问题的灵丹妙药。我们的人生需要的是自己给予自己的尊重，我们的人生需要自己去认真聆听。

有尊严的人生不会执着于金钱和名利。不知从什么时候起，金钱的多少开始成为衡量人生是否成功的惟一标准，或许有钱会比没钱强上一百倍甚至一千倍。然而，经济上的富裕绝对不等同于人生的美好。

两栋三十层的建筑相隔三十米并肩而立，两栋楼的顶楼之间有一条一米宽的木板，狂风正在以每秒十米的速度擦身而过。

如果给你一百万韩元让你从木板上走过去，你愿意吗？如果你不愿意为了这一百万而丧命，你肯定会毫不犹豫地拒绝。那如果给你一亿韩元呢？钱虽然不少，但是我相信你肯定也不愿意。那给你二十亿韩元呢，你愿不愿意横跨过去？二十亿韩元在韩国来讲可不是一笔小数目了，是好多人奋斗一辈子也不一定能赚得到的。也许没有极度恐高症的人都会在认真考虑过后，深呼吸一下，然后迈出自己的脚步，把自己的人生置于悬崖峭壁上。

接下来我们换一个问题。

如果你发现你三岁的儿子正在那边哭泣，摇摇摆摆地想要跨过木板到你这边来，你会怎么做？毋庸置疑，为了救儿子你肯定会拼命地向对面走去。即便有人给你一百亿韩元让你不要过去，你肯定也会拼命拒绝，然后坚定地跨过去。

所以，金钱并不是人生最重要的东西。有的东西亿万金钱也换不回来。为了得到更有价值的东西，我们需要付出更多的努力，而这种努力本身就已经成为一种伟大的成功。

2011年逝世的史蒂夫·乔布斯是成功者中的一员。他的成功并不仅仅是因为他创造了让全世界都瞩目的苹果品牌，如果他的成功仅仅体现在经济上的话，那也许我们对他的逝世并不会感到如此惋惜。我们之所以仰慕他是因为除了金钱之外，他的人生有更伟大的价值。乔布斯一生之中从来没有放弃过自己的梦想。他清楚地知道自己人生之路该如何走，并且在属于自己的人生路上离开了人世。为了自己所热爱的事情，他从不放弃尊严。我们每个人都应该像乔布斯一样活着。

无论在什么情况下，都不要把金钱跟尊严混淆。越执着于金钱，我们就越无法知足。知足并不是说物质性的东西越来越多，知足应该是一种昂扬的精神状态，会从内心深处去尊重自己决定的事情，并且在为之努力奋斗的过程中不断地提升自尊感。即使无法得到他人的认可，也要堂堂正正地去做自己决定的事情。

尊严一定能够帮助我们实现5年的人生战略。

02

简单地生活吧

我们的生命中有很多非本质性的东西正层层包裹着生活的本质，我们要果断整理出这些非本质性的东西，并将它们清理干净，因为只有这样，我们才能向自己的目标走近。

你知道成功者与失败者之间最大的差距是什么吗？

那就是对“简单”认识上的差距。

回想一下那些成绩优异的学生们，他们并没有购买很多参考书和习题册，也没有各种各样的笔和漂亮的便利贴。他们只执着于一本书，直到非常熟悉这本书为止。他们的活动范围也很简单，只是从学校到图书馆，再从图书馆到家，这样反复循环。相反，那些总是徘徊在图书馆与教室之间，不仅没有定下心来，甚至连习题册都在变来变去的学生，肯定不会有好的成绩。

那些获得诺贝尔奖的科学家们也都一样，他们的人生可谓是始于研究室，又终于研究室。看看那些卓越的CEO们，他们都非常享受忙碌的工作生活，在办公室里放一张床，吃住都在那里。那些著名的体育健将又是什么样的呢？他们会在脑海中不断地刻画出自己获得金牌时那种幸福的场景，然后默默地把自己大部分的生命和时光都献给训练场。

我要说的其实很简单，就是希望我们每个人都可以拥有一份热情，拥有对某件事的执着。当你开始追求这份执着和热情时，你的人生自然就变得简单了。

简单地生活，其实就是对生活本质的一种专注。我们的生命中有很多非本质性的东西正层层包裹着生活的本质，我们要果断整理出这些非本质性的东西，并将它们清理干净，因为只有这样，我们才能向自己的目标走近。

有一次的讲座让我记忆深刻。那次的演讲对象是一个大企业内部的市场销售专员们，这些年轻人是公司公认的优秀人才。讲座结束后，我们余兴未尽，又开始聊上了“成果”这个话题，当然，这是生意场上的人永远都离不开的话题。这些年轻人之中，有一个人这样对我说道：“我知道最能帮助自己获得成果的方法，那就是要经常和了解自己、了解自己工作的人在一起。吃饭也好，喝酒也好，甚至是睡觉的时候，他们都能帮助我时时刻刻把成果这个词铭记在脑海里。实际上，我觉得和不了解自己工作的人在一起，是一件非常无聊的事情。尤其是大学同学聚会之类的，最令我反感了。每个人工作的领域都不相同，大家所谈论的话题也无非就那些，学习好的继续自我炫耀，谁谁又赚了大钱，再不然就是谈谈高尔夫或者名车，等等。我觉得还不如多和与自己有着相同烦恼或热情的人在一起聊天。和与自己相似的人在一起是一件非常有意义的事情，也许还能从中得到好的想法。所以我在公司内部交往的人也很少，只有几个人而已，和他们一起吃饭、喝酒、加班，甚至有时候24小时都形影不离。我认为人际关系变得简单了，成果自然就会得到提高。简单，不是狭窄，如今我交往的这几个人已经足够让我感受到生活的幸福了。”

他把精力集中在与自己有着相同梦想和热情的人际关系上，并通过这种集中的力量不断实现自己的目标，获得好的成果，这就是人际关系的本质。即使一个人的手机里储存着上千个电话号码，也不能完全说明他的人际关系是有价值的。重要的不是你正在和多少人来往，而是你正在来往的人中有多少和你有着相同的理想和目标，只有这样你们所谈论的话题才是有意义的。就算一个月只能见一次面也好，如果能够持续维持这种关系，那么你就会成为一个人际关系非常优秀的人。所以不要再浪费时间和金钱去一些无关紧要的聚会，不要继续私下和同事一起谈论领导们的坏话，也不要见那些只会炫耀自己高级公寓和跑车的人，因为他们对你的成功起不到任何帮助。

目标要明确，战略要简洁。如果你现在已经制定好战略了，那就要把自己所有的热情都集中在这个目标上，并且要把大部分的时光都献给这份热情，彻底排除一切浪费时间的事情。我相信这样没有虚度时光的你在5年后会发现一个全新的自己，并且不虚度光阴的好习惯会伴随你人生的每一个5年。

我再强调一次：

你一定要“简单地生活”。

03

找到属于自己的道路吧

> 这个世界上的成功其实只有一个，那就是以自己的方式走自己的路，过自己的人生。

我曾读过一份日本报纸，上面有一张非常小的黑白照片吸引了我的视线。虽然下面是五彩斑斓的巨幅广告，但是这张照片却显得更加突出，并且深深地刻在了我的脑海里，甚至几年后的今天仍然历历在目。

如果只是一扫而过的话，它和普通的棒球选手照片没什么区别。很明显，这是一张抓拍的照片，照片中的人正在挥舞球棒，而拍摄的人也不是什么摄影专家，只是一名业余爱好者。但是这张照片里所包含的意义，却不是三言两语那么简单就能说清的。

虽然照片中的人脸难以让人分辨，但是根据旁边的新闻内容，可以知道照片的主人公就是选手李承烨，而拍摄照片的人正是李承烨的队友。为何这位日本队友会拍下李承烨练习的场景呢？又为何这张照片会登在日本的报纸上呢？

答案就是这张照片的拍摄场所和拍摄时间。据拍照的队友所说，当天并没有训练，大家都在休息，有的人聚在一起吃东西，有的人去打高尔夫给自己减压，但是出现在酒店停车场的李承烨却吸引了他的注意力，因为当时的李承烨正在那里练习击球。于是他拍下了被汗水浸湿的李承烨的样子，并感慨地说道："在竞争激烈的日本棒球界，就连本国人都难以站稳脚步，但是他却以击球手的身份稳稳地占据了一席之地。我想这一切都得益于他拼命的练习吧……"

人们总是习惯于关注被众多聚光灯所围绕的场景，比如帅气地挥出球棒，然后全力跑向本垒，并张开双臂为自己欢呼的样子；或者打破世界记录，花环戴在自己脖颈上时幸福而又欣慰的脸庞；当然，也包括这一切场景背后所绽放出的五光十色的花火。

要想在最终的比赛上挥出漂亮的一棒，就要充分利用每分每秒不断地进行练习。为了提高自身的极限，他一心一意地走在这条人生路上，也正因为这样的觉悟和意志，他的名字永远留在了历史上，成为了棒球界的一名英雄人物。

韩国体育界还有一位英雄，他的名字是崔京洙，一位受全世界关注的知名人士。但是他始终用谦虚的态度面对他人，他曾在一家媒体采访中这样说道："说实话，我一点都不觉得自己在高尔夫球场上有什么才能，而且我很羡慕泰格·伍兹这样的选手。无论是身体素质方面，还是感官方面，他的才能都令我感到惊讶。"

记者继续问道："即使真如您说的那样，您也在最终的比赛上获得了胜利。请问您的秘诀是什么呢？"崔京洙回答道："我的特长是高尔夫球，我的爱好是高尔夫球，我的闲暇时光也只有高尔夫球的陪伴。休息的时候我会一直想着它，用它填满我的生活，丰富我的生命。除了高尔夫球，我不擅长其他的事情，也不喜欢做其他的事情。也许正式因为这样，我才取得了自己梦寐以求的胜利。”

看过这篇采访之后我很受感动，也更加充分地明白“用一辈子的时间做好一件事”这句话的意义。对于每个人来讲，一生只去想一件事情是很困难的，也难免会让人感到厌倦和疲惫，但是要相信这一切的付出所换来的果实是甘甜无比的，这份快乐和欣慰是远远超过人想象的。我们每个人一生之中总有一次要走向顶峰，其原因也正是如此。当我们站在顶峰的时候，这条路便会深深地烙印在我们的身心之中。也因此，我们可以朝着新的顶峰，勇往直前。

我突然产生了一个想法，如果崔京洙没有在PGA（PGA是prefessional golfer association职业高尔夫球员协会的缩写，这里指美国职业高尔夫锦标赛）赛场上崭露头角，并打算想扔掉手里的高尔夫球杆，而这时正好有人对他做出如下提议，那他会怎么做呢？提议是：“我觉得对于东方人来讲，能够站在PGA赛场上参加比赛，这件事情本身就已经很光荣了，所以你现在可以放弃选手生涯，和我一起建立一所高尔夫学校，取名为‘崔京洙高尔夫学校’，专门教孩子和成人学高尔夫球。我相信一定会有非常多的人来我们学校学习的。您觉得我这个想法怎么样？”

我想一定有很多人对崔京洙做出过这样的提议，如果那时的他听取了这些的建议，也许我们根本不会记得崔京洙这个名字。当然，如果他听取了这些提议也许会获得更大的成功，但是他的人生绝对不能称为是伟大的，因为没有实现自己目标的他会一直活在对梦想的遗憾之中。是梦想的力量让他在脆弱的时候也能紧紧抓住高尔夫球杆，不分日夜地练习，数千次数万次地挥动手里的球杆，所以崔京洙才获得了梦想中的胜利。为了到达梦想的顶峰，他不断地挑战自我。如果你看到他那粗糙又布满老茧的双手，我相信你一定会获得无限的感动与力量。

法国炙手可热的新锐作家贝纳尔·韦尔贝，著有《蚂蚁》《大树》和《脑》。了解他之后你会发现，和他独特的小说一样，贝纳尔·韦尔贝在思考习惯和生活经营上都有着属于自己的独特方式。

他成为全世界屈指可数的作家之一，我们也许会这样推测："他一定有相当多的版税收入，自家的豪宅里会有一个超大的游泳池，还会开着豪车去各地旅行。"

但事实证明我们的推测是错误的，贝纳尔·韦尔贝住在巴黎市中心的一所单间公寓里。为了满足大众的好奇心，有位记者曾去拜访过他。

"贝纳尔先生，说实话我真的很不理解您为什么要住在这里。以您的条件大可以住在更好的地方，为什么一定要生活在这里呢？"这是一个既现实又很坦率的问题。

贝纳尔·韦尔贝这样回答说：

"没有什么特别的理由，只是我喜欢这里而已。因为可以随时走在城市的街道上，观察身边的人，和他们一起呼吸在同一片天空下。还可以和朋友们去餐厅吃饭，下午能去玩玩壁球，或者看看电影。和所有的人一样，这些对于我来说已经足够了。"

贝纳尔·韦尔贝创作小说的时间是从清晨四点半到早上八点半，其他的时间里他都过着和普通人一样的生活。记者总希望贝纳尔·韦尔贝能够说出一个特别的理由，所以很固执地提出了很多问题。但是整个长时间的采访中都没有出现所谓的“特别理由”。

最终记者提出了下面一个问题。

“那您惊人的想象力究竟来自于何处呢？”

贝纳尔·韦尔贝的回答仍是平凡的。

“报纸，因为那里有世界上正在发生的所有事情。读报纸的时候，你会知道在地球的另一端什么人正发生着什么样的事情。可以说报纸是我观察世界的窗口，出现在我小说中的题材和元素基本都来自于报纸。”

贝纳尔·韦尔贝就是这样一个丝毫不自我膨胀和炫耀的人。不仅这样，他还是一个堂堂正正、焕发光芒的人。理由究竟是什么呢？因为他正坚定不移地走在自己选择的那条路上，不向他人强调自己的路，不劝诱他人跟随自己，也不盲目认为只有自己的路才是正确的选择。正如水是从高处向下流一样，任何事情都有自己的规律，而他只是遵循这种规律去生活罢了。

对于李承烨来说，他有他自己的路，崔京洙有他自己的路，而贝纳尔·韦尔贝也有他自己的路。他们之所以成为伟大的人，是因为他们从来没有放弃自己的路，始终坚持在那条路上走下去。美国著名撰稿人克里斯多夫·墨里对成功做出过这样的解释说：“这个世界上的成功其实只有一个，那就是以自己的方式走自己的路，过自己的人生。”

你有属于自己的路吗？你有走在那条名叫“My Way”的路上吗？

像犀牛角一样，独自勇敢地走下去吧！

04
做一个温暖却独特的人

> 不允许有一点失败的人，不得不成功的人，除了成功再没有其他可选之路的人，这些人都是所谓的“刚强”之人。

刚强的人。

是否有人对你做出这样的评价？也许你会觉得这样的评价是对你人格的一种否定，但我这里所说的“刚强的人”却是另一种意义。那些在诱惑和陷阱面前不会轻易放弃自己，并且坚持走自己道路的人，那些拥有强烈意志和精神的人，我认为是“刚强的人”。

“刚强”真正的意义是这样的：

“那个人在某些方面真的非常刚强，将来一定会做一番大事的！”

“金代理这个人的确相当刚强，是惟一一个让我能够相信并依赖的人。”

“你说什么?！每天花费五个小时学习佛学？大学的时候那么疯狂地学英语，现在又要学佛学？你觉得已经上班的你有可能吗？你的尽头到底在哪里啊？”

希望你们能够理解我所说的“刚强的人”到底是什么意思。

在社会中生存的我们，其实都应该具备“刚强”的素质，但是又有多少人能够真正明白这点呢？也许并没有多少人知道，那些所谓的成功人士，都曾不止一次地被他人称为“刚强的人”。

我们每个人总是习惯于只关注结果。

对一个人的成功也是如此。他到底是什么样的人，他的想法是什么，他是如何客服困难的，他的目标是什么，又是如何达成的，等等，人们对这些过程并不关心。

如果你也想成为一名成功的人，那就不要只去关注那些已经成功之人的表面现象。一定要走进他们的思想，去了解他们曾经的岁月，那些坚持不懈的目标、计划，以及他们是如何准备的，又是如何坚强克服一切困难走过来的，你一定要知道这些过程才行。因为只有这样，你才能从他们的阅历中得到启发。

结果只是表象而已，是徒有虚名的空壳。真正的精髓是别的，有的人称其为“精神”，有的人认为那是一种“态度”和“觉悟”。就像世人有多种多样的名字一样，有的人则认为该精髓是“汗水”、“努力”以及“热情”，等等。

我想把这些所有名词统一命名为“刚强思想”。它可以帮助一个人走出过去，面向未来；会帮助你从束缚的人生中解脱，并获得自由；还会将你从不安的生活中拉出来，带领你走向肯定且积极的人生；让你不再颓废，不再迷茫，帮助你找到勇气和力量。

韩国年轻人的偶像，“乡村医生”朴京哲。

毕业于医科大学的他，实际上是一名经营自己医院的医生。但是让他名声大作的原因并不是这点，而是他以“乡村医生”的笔名作为一名股市专家活跃在各大股市中。他有着一般股市专家所不具备的庞大知识资源，并充分运用这些知识来发挥自己的预测能力。他创作的书都成为畅销书，受到广大读者的一致追捧。他不仅在经济界有着自己独特的慧眼，在文学界也一样凭借广博的人文知识帮助读者找到正确的人生之路。他甚至还作为主持人，在电视台主持一档经济节目，并且在长时间内取得了相当高的收视率。

朴京哲为何不满足于自己的医生工作呢？作为一名医生，生活已经忙碌不堪了，他又是如何学习和掌握其他领域的知识呢？他曾在一次采访中说过，自己有一段时间非常迷恋于写作所带给他的乐趣。我想，通过这点就足够可以看出他是一个多么执着的人。

说到这里，朴京哲和古典音乐还有过一段小插曲呢。

大学的时候他有一个外号，别人都称他为“知识竞赛小王子”。活跃在各大知识竞赛场合的他，最讨厌的题目就是有关古典音乐的问题。因为早已经习惯了韩国的传统音乐，古典音乐的旋律对他来讲就像一座不可翻越的大山。然而突然有一天，他下定决心，一定要克服古典音乐带给他的问题。于是他向那些懂古典音乐的专家朋友们请教，并且让他们给自己推荐初学者需要了解的一百张古典音乐名曲，然后花费了自己一整个月的实习工资，跑去音像店把这些CD买了回来。从那之后，无论是在手术的时候，还是在做统计图表的时候，他都一定会听莫扎特和海顿的作品，并且保证一天听二十个小时的古典音乐，而且从不间断。就这样四个月之后，原本对古典音乐十分陌生的他已经开始熟悉这些旋律了，并且很自然地会在脑海里浮现出这些音符。六个月之后，当他再次听这些音乐时，他可以分辨出管弦乐队里所有乐器的声音，就好像开辟了一片新世界一样。

试着想一想，每天要花费二十个小时的时间去听一百张古典音乐的CD，这的确不是一般人能做得到的。这种成功的人，不会浪费一分一秒的宝贵时间。也许对于普通人来讲是一个小时的时间，但是他们却可以当作两个小时甚至三个小时去利用。这样努力的人又岂会与成功失之交臂呢？曾有位大企业的领导对我说过这样一句话："教授先生，其实我认为这个世界上根本没有所谓的成功人士，只有那些不得不成功的人。"

不允许有一点失败的人，不得不成功的人，除了成功再没有其他可选之路的人，这些人都是所谓的"刚强"之人。

我隔壁也住着这样一位用"刚强"武装起自己的人，他的座右铭是"只有学习，才能生存"。他把这句话裱起来，挂在自家的客厅里。每次我去他们家看到这句话的时候，整个人都会变得激动起来，心脏剧烈地跳动，就像有一股正能量正流进自己的血液一样。

每天下班以后他都不会马上回家，而是去经营学院的补课班。那里离公司大概有三十分钟的路程，课程是在每晚六点半开始，所以下班他就要马上赶过去。就这样，每天走出办公室的时候，他都要小心翼翼地看着大家的脸色，生怕大家觉得他是一个对工作不负责任的人。当然他也事先和组长说过这件事情，希望能够得到组长的理解。没准人家会觉得"这个人把自我发展看得比公司发展还要重要"。也许自己手下的人也会说："这个人真是的，对部门的发展不管不顾，只知道为自己活着。”正是因为自己有这样的顾虑，所以他才要更加细心地处理好工作上的事务。他要比任何人都干练利落，不能浪费一分一秒的时间。

每天根本没有时间吃晚饭，只有在九点半补课班结束后才会去便利店，用一碗泡面和一个三角紫菜包饭填一下肚子。每晚到家的时候基本都已经十一点了，虽然很累，但是揉揉眼睛还要继续工作，因为第二天的研究报告还没有准备出来。就这样，每天几乎要到凌晨两点才能上床睡觉。虽然如此，但他总是精神饱满，干劲十足。时间得到充分的利用，没有浪费一分一秒，这让他感到很欣慰，也是对他最大的一种安慰。而这种安慰，使得他的人生之路变得更加平坦而宽广。

周末对他来讲就是“学习的日子”。加入英语会话周末班两个月以后，他就开始学习高级会话了，当然这和他长期以来的努力是分不开的。他这样说过：“要想升职的话，英语能力很重要。公司的很多项目都需要懂英语的人，也许正是因为我优秀的会话能力，才有可能一直留在公司。以后公司还会需要懂中文的人，那我就去学习中文好了。”

不只这样，他还会经常去书店逛逛，了解所有新上市的书刊。而且别人看过的书他都会买回去，然后仔细阅读。

“读书也是为了生存。作为一名公司的干部，与其他人谈论业务时，如果听不懂他们说的话可就麻烦了。我还真有过几次这样的经验，当时真的感到特别丢人。大家都在说‘blueocean’（此处的blueocean是指新兴产业），我就问‘蓝色的大海怎么了’。从那以后我知道了，要是跟不上社会的潮流是不行的。所以我就开始读书，现在读书已经成为了我的一种习惯，甚至随时随地都会带一本在身上。因为如果手边没有书的话，我就会变得不安，担心自己又和这个社会脱轨了。”

最近他还利用清晨的时间，去高尔夫球场练习打高尔夫球。虽然偶尔也会不去，但是既然已经了解到练习的必要性，他就下定决心要好好学习了。“虽然别人是因为喜欢高尔夫球才去的，而我却是因为需要才去学习的。因为以后在谈论业务的时候可能会经常来……”

他说刚进入社会的时候，自己根本就没有想到生活会如此忙碌和疲惫，但是感觉到自己正在一步一步地向目标接近时，这一切就都变得有意义了。“我并不是想马上就获得什么，而是希望在面对突发情况的时候，自己不会变得非常狼狈。我就是抱着这样的心态，充实地为自己安排每天的生活。学习，再学习。正因为如此，我才渐渐有了自信。无论让我做什么，我都相信自己能够做好。你要问我击退恐惧的秘诀是什么，我的回答是‘学习’。”

在当今高速发展的信息时代，最可怕的事情就是信息差距。信息上的差距会带来经济以及地位的差距，也就是说，如果一个人对信息的发展不敏感，那他就有可能挣不到钱，社会地位也会降低。

亚伦·韦伯在《拇指法则》里曾强调了学习的重要性，他这样说道：“你的年龄并不重要，只要有热情，你就能够重新开始。不要想着如何成为一名富者，要去思考真正能吸引你的东西，要去找寻能够让你充满热情的事情，即使一分钱也赚不到。

然后，去学习一切和这件事情有关的知识，手边放着随时可以阅读的书籍。找到比你懂得更多的人，并紧紧跟随在他身边。然后开始让别人知道你的热情。工艺品也好，样本摆设也好，让你的房间里铺满一切和你热情有关的东西，直到让自己比任何人都更加了解它为止。这不是创业的秘诀，也不是成为富人或者获得成功、变得有名的方法。我这样说的意思是在告诉你们，只要你这样做了，你就有机会到达你所渴望的地方，也能够成为那个领域的专家，因为专业化的知识能够让你和一般人区别开来。之后，你便可以开始持续探求这个领域的知识，这是未来世界最需要、也是最重要的一项技术，即学习技术。这不是为了一生受教，而是为了生存。”

“刚强思想”其实是一种习惯，也是一种生活态度。学习也好，兴趣也好，一旦一个人能够对某件事情持续地投入自己的热情和心血，那么我相信他对任何事情都能够投入进去。

我所遇到的这些“刚强”的人，实际上都是待人非常亲切的人。为了自己的人生和事业，为了让自己生活的世界变得更加美好，他们不分昼夜地付出努力。他们是无论遇到什么事，都不会放弃自己的人，从不会停下前进的脚步，也不会有丝毫的犹豫。他们一旦建立了目标，就会拼尽全力朝着那个方向跑去，不会拖到明天，而是从今天开始行动。

《塔木德经》里有这样的语句：“从零到一的距离，实际上比从一到一百的距离要远。”（《塔木德经》是犹太教法典）

大多数人都习惯望向更远的地方，就像轻视“一”而渴望“一百”一样。但实际上他们连“一”都没有接触到，相反还一直停留在“零”的位置。如果一个人认识到了“一”的价值，并尽自己所有的努力去达成“一”，那么这个人也一定会朝着“一百”一路向前。当你达成一个目标时，就会有另一个目标出现；当你获得一个小的成功时，你就会实现更大的成功。

奥普拉·温弗莉还告诉过我们：“人生最大的秘密是什么？就是人生根本没有秘密。”

生活的真理其实很简单，只要有时间任何人都能够成功。要想成功，就要付出时间。具有温和心灵和冷静头脑的“刚强”的人，会把时间变成自己的伙伴。

现在，马上按下你手中的秒表吧！在即将到来的5年内，把自己变成一个“刚强”的人。

05

感谢所有到来的苦难

> 当你成为一个任何指责和非难都无法打倒的人时，那些曾经对你做出攻击的人一定会在你面前低下头，被你折服。

“你糟糕的简直和垃圾一样。”

如果某天有人这样对你破口大骂，甚至还在大庭广众之下，你会怎么样回应呢？这样的侮蔑也许会带给你相当大的挫败感，使愤怒涌上你的心头，也许你还会觉得生活变得很辛苦，甚至坚持不下去。

这里我要提到一位真正有过相似经历的人。

这个人在很小的时候就经受了这样的考验，那时的他还是一个小学生。老师们都评价他是一个不可救药的学生，甚至有一位老师还在通知书上写道：“这孩子总是很散漫，每天都往窗外看。”其实这个孩子望向窗外是有自己的理由的，因为他有阅读困难症和学习障碍。但是那时的他却连给自己辩解的机会都没有，就成为了大家眼里“没有未来的孩子”。他们认为不会简单加减法的他，即使到了老年时期也不会背诵乘法口诀。

那时的他没有所谓的才能，对任何事情也都不关心。但是有一天却突然发现了他自己感兴趣的事情，那就是画画。画画不需要认识字母，也不需要认识数字。开始画画让他找到了生活的重心，在他成年的时候，还开了以自己名字命名的画展。

但是这位充满热情的青年却迎来了大众一致的恶评，有一位著名美术馆的评论家甚至这样评论青年的作品：

“简直就是我们美术界的垃圾！”

这篇评论甚至还在美国《纽约时报》上占一整个版面进行报道过。

在美术界，这样的恶评可以说是宣判了一名画家死刑。但是青年却没有放弃，反而把这样的评论当成是自己的光荣，并且一直勇敢地向自己的美术之路前进，下定决心一定要让他们承认自己的作品是独特的，要得到美术评论家和爱好者们的一致好评。

这个人就是查克·克劳斯，凡是对美术稍微了解的人都会熟悉这个名字，一位代表了这个时代的抽象美术大家。

我们总是希望所有的人都能够对自己做出好的评价，但那是不可能的。即使是同一件事物，不同的人做出的评价也是不同的，有的人觉得好，有的人却觉得很糟糕。如果我们总是在乎别人对自己的评价，那么生活就会变得异常辛苦。如果我们想要走自己的路，想要实现自己的目标，那就需要一种信念。一种坚持到底，不动摇、不放弃的信念。

在前往目的地的途中，我们会不断地遇到各种障碍。他们会像蚊子一样，嗡嗡地徘徊在我们周围，也会像大卡车一样，阻挡我们前进的道路。蚊子也好，大卡车也好，我们要清楚地认识到这些障碍正在阻挡我们的路。而这个时候，最重要的就是我们对自己的评价。当你开始质疑自己所作出的选择时，要坚定地告诉自己："我做的选择是对的。"而这个答案，也是人生给出的最正确的解答。

在公司上班的时候，我也有过相似的经历，可以说是比"毒舌"还要严重的一种"辱骂"，至今我仍然记忆犹新。

我几乎把自己七年的青春岁月都交给了那家广告公司，那里是我人生的第一个战场，也是我开始认识人生的地方。在那里，我有自己的规划，有可以交往一生的前辈、后辈和朋友们。这家公司对我来说，就像母亲一样，让我感到亲切和舒适。

在四月的最后一天，我写了人生的第一封辞职信。以前每次在电视上看到辞职信的时候，我都在想：那里面到底写了些什么？没想到有一天，我也要写这样的一封信。

我给人事部的一个后辈打了电话。

"我想写封辞职信，你告诉我该怎么写吧。"

"什么？前辈您是说您要写吗？"

后辈的声音听上去非常惊讶。

"是的，是我要写。"

后辈似乎忘记了我打电话的目的，沉默了一会就挂断了电话。最后我还是亲自找到了他，让他教我如何写辞职信。

"其实，辞职信也没什么好写的。格式是这样的。"

"辞职信。（写在最上面，字体要大点。）"

"原因。（把原因用一句话总结一下就行，写在那条横线上。）"

接下来是所属部门、职务、姓名。

这就是所有的内容。

就这么简单吗?

七年的时间里，我为了这家公司付出了自己全部的精力和心血，可是辞职信却如此简单，心头莫名地感到一种失落。

手边的事务都交接得差不多的时候，我拿着辞职信来到了副部长和理事长面前，他们一边鼓励我说“好好干”，一边在辞职信上签了字。

现在，只要常务在上面签了字，一切就都结束了。（**因为当时没有社长，常务是公司最高的领导。**）

常务看到辞职信后的目光显得异常犀利。

“以后有什么打算吗?”

“我已经准备好自己创业了，公司登记手续也都办完了。”

我很紧张，但是常务就像早已经察觉到了一样，视线里没有丝毫动摇。三四分钟后他说道。

“现在说什么也不能让你回头了吧?”

“是的。很抱歉，我已经决定好了。”

听到我的回答后他皱起了眉头，就像听到了让人很反感的噪音一样。

“那您忙吧，我就先出去了。”

我心里也很难受，但我知道即便再这样坐下去也不会改变什么。

“我会继续努力的，以后会常常来拜访您。”

深深鞠了一躬之后我转过身，朝门口走去。正当我打开门的瞬间，身后传来他讽刺的声音。

“河佑锡，你就是个疯子！”

我恭敬地关上开着的门，对他说道：

“是的，您说的很对，我就是个疯子！所以听到别人说我疯了，我一点也不惊讶。我要没有疯的话，又怎么会做出这种事呢？”

假如那时的我选择继续留在公司的话，我想今天的我一定还活在遗憾和迷恋当中。我会自责，当初为何那样的懦弱，为何连尝试的勇气都没有。就是因为那封辞职信，我开始了自己新的人生。也为了让“疯子”这个词变得更加有意义，我一直都在拼命努力。要把“疯子”这样的侮辱变成我人生最美的赞歌，要无怨无悔，无愧自己的人生。

“有人嘲笑我是独臂怪物，但是我却咬紧牙关坚持努力练习，最后终于站在了大联盟的赛场上。所以，我们任何人都能够获得成功，请你们加油！”

这位带给无数人感动的棒球运动员名叫皮特·格雷，六岁的时候在货车旁边玩耍，不幸被车轮碾断了自己的右臂。

同龄的小朋友们都嘲笑他，说他是“独臂怪物”。虽然这些孩子的嘲笑对他来说是痛苦的，但是最让他无助的还是周边成年人对他的否定：“这孩子以后肯定连基本的日常生活都有问题。”他们觉得无论皮特如何努力，他剩下的人生也是没有希望和意义的。但是皮特却想证明给他们看，让他们知道那些对自己的嘲笑和否定都是错误的。

皮特一直梦想成为一名职业棒球运动员，为了实现自己的梦想，他用剩下的左臂拼命练习，尽管左手对他来说是那么的生疏。努力的练习终于换回了成果，他开始能够用左手接球，用左手投球，甚至用左手击球。丝毫不比其他选手逊色的他，终于在二十五岁那年正式走上赛场，开始了人生的首次职业生涯，并在三年后以优异的成绩成功晋升为优秀运动员。他在一个赛季中，成功完成五次本垒打和六十八次偷垒，让所有人为之感叹。因为他出色的成绩，最后被大联盟聘用为职业棒球选手，而他也终于实现了自己的梦想。

现在，我想给正在阅读此书的你提一个建议。

如果有人对你做出否定的评价甚至是侮辱，那你就把它当成是他人对自己的一种嫉妒吧。他们之所以那样做，是因为担心你会超越他们，所以在你超越他们之前，他们要先打击你的气势。你要知道，这只是他们和你要的一种手段。如果有人批评你，那你就以感激之心接受那些批评吧。大多数人都喜欢挑别人的毛病，揭发别人的短处，而你一定要感谢那些指责你缺点的人。面对别人的批评时不要生气，也不要愤怒，因为没有比这更愚笨的做法了。也不要想方设法地去解释什么，因为没有比这样做更让人感到疲惫的了。

当5年规划制定后，当你朝着目标大步迈进时，肯定会有人想要拼命地扯住你的后腿。也许一开始他们会劝你要制定与自身水准相匹配的目标，还会美其名曰这是为了你好。但是如果这个方法对你没起到什么作用，他们就会立马转变态度，对你百般刁难，甚至恶语相向。而此时的你，不要沮丧也不要生气，面对攻击、非难和指责时记得报以宽容的微笑。不要让他们误以为自己的推测成真了，你要把这些否定变成前进的动力，要活出个样子来证明给他们看。

“当你成为一个任何指责和非难都无法打倒的人时，那些曾经对你做出攻击的人一定会在你面前低下头，被你折服。”这是生活的法则，你要铭记在心，永远都不要忘记。

06
人生，一定要有“气魄”的陪伴

有气魄的人不会亦喜亦悲，不会因为他人是否了解自己而战战兢兢。有气魄的人会悠然自得，会毫不犹豫地朝着自己的人生方向大步走下去。

“要想汇聚成大海，就要从小溪流开始。”

这是《塔木德经》里的经典名言，“千里之行，始于足下”，正是这个意思。

1997年，我创立了自己的第一份事业——一本名叫《优惠券俱乐部》的月刊杂志。阅读人群主要是二十到三十岁之间的年轻消费者，杂志里有各种优惠券，包括餐厅、活动演出以及各种娱乐项目。

当时正赶上IMF金融危机，所有行业都受到很大的影响。我本以为《优惠券俱乐部》这样的项目正好符合当时的环境，但是不同于现在消费者们对优惠券的需求，那时的企业和消费者对这样的市场营销手段都感到很陌生。为了得到更多店铺的优惠券，我走遍大大小小的餐厅、咖啡馆以及美容沙龙，但是得到的回答都是一样的，“我们不需要什么优惠券宣传”。

本来就已经给自己的商品打折扣了，还要付给杂志宣传费用，他们觉得那简直就是在开玩笑。当时的很多店主都是这么想的，根本就听不进去我的构想。甚至还有人对我怒喊着说：“我又不是嫌钱多，干嘛那么浪费！你要是喜欢你自己去做，别来找我！”

我告诉他们我的杂志已经在首尔发行了八万多本，通过强大的宣传效应足够可以帮助他们增加客户，优惠券也大可以帮助他们提高销售额。但是无论我怎么说，他们始终都不相信我的方法。但是我对自己有信心，我相信在不久之后这些店主一定会意识到优惠券的宣传效应。所以我就抱着这样的信念，坚持走遍每一条街道，给自己的杂志寻找合作伙伴。

新村、大学路、明洞以及江南区一带，我每天都要花费十二个小时的时间，不断地寻找客户。无论有没有客人，店主都习惯告诉我他们很忙，没有时间见我。如果有店主愿意坐下来，告诉我，“好吧，我听听你的想法”，我就像发现新大陆一样，欣喜万分。甚至很多时候，为了能和店主谈上十分钟，我都要从清晨两点或三点一直等下去。因为只要谈成一单，杂志的销售额就至少能提高十五万韩元。现在想想，那时的我果然是疯了。因为疯了，所以即使吃遍了闭门羹我也不知道累，还要到处奔波。

某一天，我接到了前公司一个后辈的电话，说有件事情要和我商量。

因为自己太忙，就让他来新村这边找我了。那天正打算去梨花女子大学那边做宣传。说实话，当时的我觉得连见个熟人的时间都是奢侈的。每分每秒对我来说是那么重要，我不想把时间浪费了。后辈因为有事情想和我商量，所以一直跟在我身后，然后想要等我稍微闲下来的时候再和我说。但是我和每个店主都约定好了见面的时间，所以根本就没有时间听后辈说话，马不停蹄地奔波在各大店铺之间。

我来到梨花女子大学正门前的一家美容院，对站在门口的一名女工作人员说道："真的太感谢您了。希望您一定把我的话传达给你们店主，宣传效果你们可以通过回收的优惠券验证，先试一次，一定不会让你们后悔的……"

我就像接待大企业的重要客户一样，积极地对这位女职员进行解说。然后当我从那家美容院走出来，要赶去下一个场所时，一直默默地跟在身边的后辈突然说道：

"前辈，您就是为了做这些才离开公司的吗？"

他的表情看上去很复杂。

我回答说："做这些怎么了？"

"您可是我们公司最优秀的前辈，几个月前还轻轻松松地完成了一百亿韩元的广告项目，现在却为了区区十五万韩元的营业额忙得团团转，甚至还对一名二十岁的小女孩这么毕恭毕敬！"

我看着他，慢慢地笑了笑。

"不是钱的问题，这是我人生的第一份事业。你觉得我现在没有自尊心，是吗？其实真正的自尊心是要让别人信服，而不是仅仅挺直腰板就行的。一百亿也好，十五万也好，这些客户对我来说是同样重要的。相反，那些只通过金钱而对客户有所区分的人，我觉得是非常幼稚的人。你觉得呢？"

后辈听到我这些话以后，突然转过身放声大哭了起来。也许是有些失望了吧，本来是那么尊敬且信任的前辈，现在却亲自跑到外面发宣传单。我轻轻地拍了拍他的后背，安慰了他一会儿之后，他终于抬起头停止了哭泣。

韩信成功帮助了汉高祖刘邦统一天下，青年时期的他忍受侮辱，从别人的胯下钻了过去，这就是后来流传下来的“胯下之辱”。从那件事之后，就再也没有人对韩信指指点点了。如果一个人可以容忍一切事情，只为了实现自己的伟大目标，我认为这就是一种“气魄”。

如果你已经决定把这5年的时间奉献给自己的目标，那就一定要成为一个有气魄的人。正如中国儒家学派创始人孔子先生说过的一样，君子不会因为他人不认识自己而生气，这就是君子的气魄。

对一个二十岁的女孩毕恭毕敬，是因为我知道，要想获得成功，这种精神是我所必须有的。吃闭门羹也好，被别人赶出门也好，因为知道不能丢弃脸上的微笑和内心的从容，所以我才能深刻地感受到人生每一个美好的瞬间。因为知道成功的考验是什么，所以每次失败的时候，我都会试着找出头绪，吸取教训。这些东西是在安稳的办公室里学习不到的，而我一旦掌握了这些东西，人生就像发芽的种子一样，无论在什么样的逆境当中，我都能够找到继续下去的力量。

正是因为这样，我现在才能够站在学生面前教授他们知识，也能够写自己的书，还能够给自己新的人生挑战设定战略。那些为了自己的事业而付出的心血，那些我所取得的回报和结果，这一切都成为我人生肥沃的土壤，能够让我的人生更加茁壮成长。“做一个有气魄的人”，这句话永远都是我人生的指路明灯。

有气魄的人不会亦喜亦悲，不会因为他人是否了解自己而战战兢兢。有气魄的人会悠然自得，毫不犹豫地朝着自己的人生方向大步走下去。

老子是中国最伟大的哲学家和思想家之一，也是道家学派的创始人。他这样对世人说过："千里之行，始于足下。"大树都是从小树苗开始成长的，十层的石塔也都是由一块块石头慢慢堆积起来的。做任何事情，都要勿忘初心，只要做到这点，无论做什么都会成功。

气魄，是不分大小的。无论是多么小的事情，只要你无愧自己，坚持自己的选择，这就是气魄。

气魄的最大敌人是"自圆其说"。如果我们走进这个陷阱，那一切就都变成了没有意义的狡辩。美国最伟大的演说家和咨询家之一的博恩·崔西在他的书里这样说过："很多人在自己无法解决问题的时候，习惯于把这一切都怪罪到别人身上。但是真正优秀的人，他们会自我反省，会找出是什么问题使得自己前进的脚步停下来了。"

成功的人会把焦点放在可能性上面，而失败的人则把焦点放在合理化上；成功的人会追求那1%的可能性，而失败的人会给自己找到很多无法成功的理由。失败的人的目标也是伟大的，只不过是他们没有把注意力集中在可以达成目标的渠道上。相反，他们会拼命地找出自己无法获得成功的数百种理由。因为只有这样做，他们才能获得心理上的安慰和满足。

我有一个朋友，他毕业于一个不出名的大学，但是最终却成为了一个大企业的领导干部。有一次他这样对我说道："我能够获得现在的成功，最大的秘诀就是‘我是一个什么都没有的人’。你也知道，一般的大企业里多得是名门院校的毕业生。他们彼此之间都有自己的小团体，可就是这种小团体的存在才是他们的问题。能够经常沟通和互动虽然是很好的，但是不好的地方也在这里。举个例子说明，A和B毕业于同一所著名大学，比起互相竞争、共同进步，他们更倾向于私下达成一致的目标。A和B会做一样的工作，付出的努力也是一样的。有一天领导把他们两个人都叫过去批评了一顿，但是他们没有一个人会放在心上。为什么？因为受到批评的又不只是他一个人，有人和他一起承受。这算是另一种意义上的‘同僚合作精神’吧。所以他们没有人会取得进步。那么我呢？没人和我是同一所大学，没有人愿意和我成为一个小团体，那我就要一个人孤军奋战。无论如何，我都不能输给那些毕业于名门院校的人，我一定要做得更好才行。就这样，不知不觉中我变成了一个‘刚强’的人。因为不能承受来自领导的批评，也没有人和我一起承受这样的批评，一旦我做得不好，就会有很多人对我指指点点。我绝对不允许这样，所以我最终才会成为了企业的领导干部。”

事实的确证明，什么都没有的人获得成功的概率会更高，你是怎么理解的呢？这句话就是成功的方程式，也就是说只有勇往直前的人才能够获得成功。你什么都没有，并不能成为你放弃自我、憎恨世界的理由。

如果说有一样东西是我们在有生之年必须要具备的，那么就是“气魄”。如果气魄是你人生的同行者，那你就拥有了一切。史蒂夫·乔布斯说过：“一个伟大的木匠，不会因为别人看不到，就把不好的木材用在衣柜的底部。”

制定人生战略的时候也是一样的，不能因为别人看不到就不用心去做。即便全世界的人都不知道你用心与否，你自己还是知道的。为此，你要做一个有气魄的人，让自己不会有丝毫的愧疚。

这样做的话，你的人生就一定会成功。

07

战略不是简单的一张清单

战略不是一张简单的清单，内容不是越多越好，也不是只用来当摆设的。只有把这些战略都活用起来，我们才能够最终实现自己的人生目标。

我不会打高尔夫，不会打网球，不会打保龄球，甚至连足球也不会踢。虽然经常假装自己什么都会，但是在别人面前却连展示一下的勇气也没有。别人都会玩的扑克我不会，而且我还是个路痴，总记不住道儿，去过的地方还屡屡找不到方向。

我读书的速度很慢，也许别人只需要两个小时就能读完的书，我却要花费一天的时间才能读完。我的记忆力也不好，别说别人的东西了，连我自己的东西都常常丢三落四的。读书的时候，读着读着就忘记了前面的内容，所以常常还要翻回到前面，重新看一遍。我觉很多，为了写点东西，常常要在清晨就起来，所以当别人在晚上看九点新闻的时候，我就已经上床睡觉了。也许很多人会觉得我是个很奇怪的人。说实话，比起大多数人，我的头脑一点也不清晰，所以为了生活我常常要付出更多的努力才行。

虽然这样，但我却从不会贬低自己，不会感到难过，不会自责，不会伤心，和别人比较时，也不会有自卑感。生活中，我一直和“挫折、后悔以及怨恨”这些词语保持距离。我的人生中会经常出现“希望”这个词，让我拥有期待，用一颗愉悦的心去享受生活。也许你会觉得奇怪，一个有这么多不足的人，怎么会对生活感到如此满足？

方法其实很简单，就是要学会放弃自己没办法完成的任务。这个世界有太多的竞争，而一个人不可能每场竞争都能取得胜利。所以懂得放弃的人，他们的人生才是幸福的，只有这样，生活才会变得自由。

也许你的笔记本上写了很多人生要实现的目标，而且大多数的目标都是你认为自己不足的地方。如果是这样的话，我希望你现在可以拿起笔，划去那些你至今仍无法完成的任务。因为这些目标有可能是你一生都无法实现的，现在无法完成的事，以后也同样不会实现。而留下这些目标，只会令你的压力成倍增加。

虽然我不会打高尔夫，不会打网球和保龄球，但是我却可以凭借自己坚实的双腿登山。所以我给自己设定了很多登山的目标，把自己想要登上顶峰的山名都写了下来。不去做自己做不到的事情，而是去做更多自己可以实现的事情。我还很喜欢散步，但是却不会抽出固定的时间去做。因为不能说珍惜时间，就要放弃自己喜欢的散步。我们会经常全家一起出去散步，走在山间的小路上，能够充分感受到散步给我们带来的乐趣。

虽然我不会玩扑克、打网游，但是我可以感受大自然带给我的乐趣。我能够识别出多种树的叶子，也能分辨出各种鸟的叫声。林间鸟语，没有什么比这更让人心旷神怡的了。初秋和晚秋的山有什么不同，具有什么样不同的魅力，我都能观察出来。沉浸在大自然的美丽当中，总是能够让人感受到什么是幸福。为了把这样的幸福分享给自己的朋友，我会经常把他们叫出来，和他们一起去野营。比起打扑克和打网络游戏，享受自然的乐趣不是更加有意义吗？

虽然我总是记不清路，但是每次出发之前我都会做好充足的准备，所以从来不会迟到，还会取得对方的信任和好感。因为自己对路不是很熟悉，所以我经常选择坐公交或地铁出门。也正是如此，我才能有机会仔细观察别人，然后把自己观察到的人和现象用文字表达出来，最后一起放进我的书中。因为有机会用自己的视野去观察这个世界，我才能够更加了解形形色色的人群。

虽然我读书的速度很慢，但是我却能更加深刻地理解书中的每一句话。读书的时候，我习惯在手边放一个笔记本，看到对自己有帮助的话就记录下来。因为我知道，也许哪一天，我的讲座或者随笔集就会需要到它们。还有，我的记忆力虽然很不好，但却可以帮助我轻易地忘记那些不高兴或者伤心的事情，让我把精力都集中在未来的事情上。每次打开日记本时，我都会看到自己对未来的憧憬和希望。

战略不是一张简单的目录，内容不是越多越好，也不是只用来当摆设的。只有把这些战略都活用起来，我们才能够最终实现自己的人生目标。

无法做到的事情，就果断放弃。

能够做到的事情，就要争取做得更好。

第　五　章

能够支配时间的人才会取得胜利

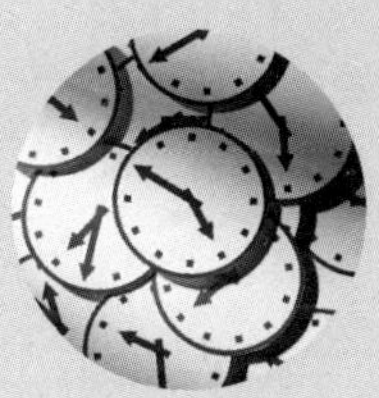

CHAPTER • 5

我们每个人所生活的世界里，时针和秒针是同样前进的，但是这并不意味着我们每个人所利用的时间是相同的。这也是我们为何要提前制定5年战略的原因，就是希望能够给自己创造一些“附加时间”。有了这些“附加时间”，人生就有了更多的机会，并且我们会开始期待：“今天我又会有什么样的改变呢？”著名画家保罗·克利说过：“如果想让自己再变得强大一点，哪怕只是一天的时间也好，这就已经足够了。”是啊，哪怕只要再多一天的时间，机会和幸运就会来到我们身边。

01

反复去做一件事会给你带来幸运

平凡的人是不会反复去做一件事情的，只有成功的人才会反复去做，并到达一定的高度。一个人能够反复去做某件事，就意味着他对这件事有足够的热情，他能够投入相应的精力去做这件事。

你眼前的事情是否正堆积如山，复杂又让你有压力？你是不是一直在叹息，反复地问自己，这些事情到底什么时候才会结束？

如果是这样，那就来看看著名诗人艾默生是怎么说的。

“我们要做的事情都会慢慢地变得更加容易，不是因为事情本身容易，而是因为在处理每件事情的过程中，我们的能力已经渐渐变强大了。”

朴振英曾培养出世界明星Rain，在他眼里的Rain究竟是什么样的呢？朴振英在一次采访中这样说道：

“Rain现在已经站在韩国舞台的最高位置上，我想以后他也会一直站在那里。”

“您为什么会如此确定呢？”

“在演艺界，要想站在最高的位置上，就意味着必须是比

Rain更加努力的人，包括所有的新人和老人在内。要想把Rain从最高的位置挤下去，就一定要付出比Rain更多的努力才行。舞蹈、歌唱实力以及舞台表现力，为了在全世界发展所必须的感觉和英语实力，在这些所有方面，Rain都要比韩国其他所有的艺人甚至包括什么都没有的实习生更加努力才可以。所以我相信，他会一直站在最高的位置上。”

听了朴振英的话，我明白了Rain为何会成为韩国演艺界最出色的艺人，甚至还可以向好莱坞进军。为了不让别人超越自己，为了成为一个任何人都无法模仿的人，Rain不停地“拼命地练习”。正是因为这样，他才能站在最高的舞台上。

在努力面前，金钱、背景、学历以及人脉这些东西变得非常渺小。我相信努力就是人生的同伴，它会带给我们机遇和幸运。我们经常会刻画自己未来的样子，有意的也好，无意的也好，因为希望发展得更好是人类生命的一种本能。所以我们会一直抱着希望生活，希望就是我们那颗正在跳跃的心脏。但是上帝虽然给了我们一颗可以抱着希望去生活的心脏，却没有给我们去实现这些希望的“热情”。所以，上帝没有给的，我们就要自己去寻找。而能够帮助我们获得热情的，就是不停地努力。

法国著名心理学家和精神科医生克里斯托夫·安德烈博士在《自我疗愈心理学》里写道：“只要有想法和行动就足够了吗？是的，只有这些是不够的。思考，行动，这些只会不断地反复。人类的大脑是为了行动存在的，而不是为了空想。所以，即使你的头脑能够完全理解，但现实中也有可能无法理解。如果不去实践自己的想法，就什么都不会有所改变。美术家也好，手工制作家也好，他们只能数十遍甚至数百遍地去做、去实践。只有这样，行动才会渐渐变得有规则。只有一次的话是不行的，到底这是不是结束呢？答案分为‘是’或‘不是’。”

世界明星Rain每天都要反复练习唱歌和跳舞，他说因为自己热爱唱歌和跳舞，所以才能够把这些练习当作是生活的一部分。从初中二年级开始，Rain就已经开始这种练习了，现在的他随时随地都可以哼着即兴的曲子，不论在哪里身体也都能跟上音乐的旋律。无论看到什么，他都会把它和舞蹈联系起来。他曾在一次采访中说过：“有一次我看见爷爷拄着拐杖出门，我就想起来要用拐杖跳舞；开车的时候也是一样，总是想把车和舞蹈联系起来。我认为，这个世界上所有的事物都是和歌曲、舞蹈有关联的。”

平凡的人是不会反复去做一件事情的，只有成功的人才会反复去做，并到达一定的高度。一个人能够反复去做某件事，就意味着他对这件事有足够的热情，他能够投入相应的精力去做这件事。很多人都认为“反复”去做一件事的行为是没有新意的，就像机械化的劳动一样，但是他们错了。其实真正的好创意往往都来自于“反复”的练习。

朴振英在接受Rain成为自己公司的实习生之前，这样对Rain说道：“我不管你有多大的潜力，如果你考不上大学，我是不会让你正式出道的。”Rain听了之后觉得眼前一片茫然，那时候距离高考的时间只剩下102天了。Rain马上去书店买了很多参考书，然后每天都看几页练习题。最后甚至把每个问题都背下来，吃饭的时候也好，走路的时候，练习舞蹈的时候，甚至睡觉的时候，他手里都一直拿着参考书。终于，他的辛苦没有白费，顺利地考进了大学。

出道之后，Rain马上受到了大家的瞩目，但是他却没有停下学习的脚步。为了在海外发展，他还拼命地学习英语，“刚强”的本能又一次挥发得淋漓尽致。看到在国外媒体采访中的他说着一口流利的英语，不禁让我们想到他曾说的那句：“拼命地学习”。这句话里包含了他多少的心酸和真诚，我想我们每个人都能够感受得到。

巴勃罗·毕加索，我们都称他为天才画家。但是又有多少人知道他曾付出的辛苦呢？他曾花费了大量的时间练习自己的基本功，比如素描。他留在世上的作品多达45000部。

芭蕾舞女演员姜秀珍，她一年之内穿坏的舞鞋多达1000双。这足以说明她的练习量是多么惊人。

高尔夫运动员崔京洙，他每天练习挥杆的次数多达4000回。

全球最著名的高音萨克斯风名家肯尼·基，因为小时候过度的练习，导致自己的门牙受到损坏，所以现在他是用嘴巴侧面来演奏的，而不是正中间。不是为了要帅，也不是为了能够更好的发出声音，而是因为过度的练习所导致的，不得不这样。

国际功夫影星成龙先生，小时候因为家境贫寒而没有接受正规的学校教育。不认识字的他，会拜托别人给自己读剧本，然后把自己的台词背诵下来，当然也包括其他演员的台词。成龙先生迄今共拍摄了100多部作品，他拼命地练习武术。因为坚持不用替身，甚至还曾导致胳膊和腿部骨折、头盖骨下陷等。但这些并不是他的痛苦，而是他的“勋章”，是所有人的榜样，让大家敬佩。

“只要不断地练习，幸运一定会降临到你的身边。”

这句话是世界著名高尔夫运动员加里·普莱尔的名言。这位成功人士，用自己的努力和成绩诠释了这句话的真谛。

美国第三十任总统卡尔文·库利奇这样说过：“这个世上没有任何东西能够取代努力。包括一个人的才能，因为有才能的人，很多也并没有获得成功；包括天赋，因为有天赋并不是成功的保障；也包括教育，因为接受教育并不意味着不会掉队。只有充满忍耐和意志的努力，才会让一切变为可能。”

我们常常会看到一些马上就要成功的人但却失败了，即使他们已经具备了一切成功所必需的外在条件；相反，我们也会看到那些明明处于恶劣条件下的人，最终却获得了成功。如果你要问这些人，他们成功的秘诀是什么，他们一般都这么回答：“我只是运气好罢了。”

你也想成为一个运气好的人吗？希望幸运能够常伴在你左右吗？如果是的话，就反复地去做那件事吧！

02
寻找只属于自己的频率

为了提升了全方位的生活频率，我想你也可以用自己的能力和资质，给自己创作出一个属于你自己的人生“风格”。
所以，现在就为自己选择些独一无二的色彩，给自己一个充满“风格”的人生，这样你才可以向渴望的目标前进。

假如现在要在一张图画纸上给自己画一幅自画像，画好大概轮廓之后我们要涂上颜色，你是想选择什么样的呢？是暗淡的呢，还是明亮且华丽的呢？

很多人都会觉得明亮又华丽的颜色让人有负担，因为过去对他们来说是那么的灰暗且困难，他们觉得过去的自己就是这样的。所以早就已经习惯给自己涂上暗淡且模糊的色彩。

我在一次讲座上认识了一位二十多岁的女性，某一天她给我发了一封邮件。简单的问候几句之后，她开始向我诉说她生活的困苦。她在邮件里说自己在公司不受重视，家庭环境也不和谐，她开始对这个世界失去了信心，想要逃脱这一切，等等。虽然邮件很简短，但是通过她身上的问题，我得出了以下的结论：

她是一个只活在过去的人，就是说她对过去所发生的事一直感到悔恨，并且一直很执着于这些事，所以在她的心里压根就没有空隙去勾画自己的未来。

一个人的过去是可以具体描绘出来的，比如“很好”或者“很坏”，是可以用这类的词语来客观评价的。但是未来是任何人都无法用肉眼看得到的，所以就没有办法做出客观评价。每个人对未来所作出的表现，都只是一种推测或者某种可能性的判断。所以对于那些充满希望的人来说，“未来就等于是希望”，相反，用暗淡的目光看待未来的人，未来对于他们来说就变得很凄凉。

给自己的未来涂上暗淡颜色的人，他们最大的原因是“恐惧”。因为过去的某件事或者某个挫折对他们的人生产生了巨大的影响，未来对他们来说不存在任何可能性，在他们眼里，未来只是不幸过去的一种延伸。所以他们不想去开辟未来，甚至还会用逃避的方式去面对未来的生活。但是事实却不是这样的，永远不要忘记，“过去只是过去，未来和过去毫无关联。”

在我身边也有给自己的未来涂上明亮色彩的人，虽然不是很多。事实上，他们的过去并没有很华丽，但是过去对他们来说却是美好的回忆。他们对于自己犯过的错误不会反复自责，也不会感到自己曾经的失败是种伤害。过去并不需要原谅，也不用去原谅，它就像是流水一样。从哪里流下来并不重要，真正重要的是要流向哪里。并且，希望流向更加广阔的大海的梦想才是最重要的。

长期接触年轻的学生们，给他们讲课，教他们知识。渐渐地，我可以大致地判断出什么类型的学生会成长为什么样，他们将来会在这个社会上扮演什么样的角色。

比起那些对自己未来感到担心的学生们，给自己的未来涂上玫瑰色的学生们会找到更加好的工作，并且无论何时，都在坚持不懈地努力，不断地成长且获得成就感。相反，那些对每件事都否定的学生们，根本没有信心走向职场，所以导致他们的人生不能尽情地飞翔。他们会一直考虑换工作，还会对自己的决定感到疑惑和不安。而拥有玫瑰色未来的学生们，在每封发给我的邮件里，都会充满着朝气和力量，通过和我的沟通，他们总是能给自己的人生找到明确的答案。凡事都否定的学生们虽然也会不断地与我沟通，但却一直都找不到自身问题的明确答案，永远徘徊停止不前。

我在广告公司上班的时候，曾出版了自己的第一本书。那是在2003年10月，书名是《价值一百亿韩元的策划力》（后来修正版名为《河佑锡的价值一百亿韩元的策划力》）。

当时，这本书成为经济管理类的畅销书，读者对这本书的好评也超过了我的预想。那时我觉得稿子的内容已经很完美了，所以才会决定出版的。但是如果现在再翻看这本书的话，我会发现很多不够成熟的语句。像这样有很多不足的书还能够得到大家的喜爱，我真的感到很欣慰，很感谢大家。

看到自己的书摆在大型书店最显眼的位置，或者在某个地方有人正在翻看我的书，每当这个时候我都会感到很高兴。甚至不管时间过去多久，每每自己想起那个场面，我都会很感动，而且此时的我也仍在用那份感动和喜悦努力地生活。

从那之后，我还出版过十本书，但是这本书却始终都是我最挚爱的。不是因为它是我人生的第一本书，也不是因为它的内容有多好，而是因为比起其他任何一本书，我都更加渴望把它写出来。这本书里包含了我青春的所有梦想和希望，包含了我对自己所热爱的职业的那份热情与努力，以及我那时所有的欢乐与痛苦。

对我来说，这本书是用任何东西都无法交换的。如果你问我写这本书的动力是什么，那就要追溯到出版前的十多年。

1990年12月，我成为一家广告公司的新员工，作为一名策划人正式向“策划”的世界迈出自己的第一步。在“策划”的世界里，我得到了很多。可以说“策划”是我的朋友、师傅，也可以说它是一场有趣的游戏。虽然有时候会有挫折和考验，但却也是我朝着梦想飞翔的翅膀。“策划”是贯穿我20年人生的一个关键词，除了“策划”，没有能够让我再感到紧张和刺激的。一年中的365天，每天24个小时，我所有的时间都是和“策划”在一起。在我的记忆中，除了“策划”再没有其他东西。别人都有的夏日旅行，我却在10年的时间里一次都没有过。

对“策划”如此迷恋的我，突然有一天做了这样一个决定。

“好吧，10年后我一定要出版一本与策划有关的书籍。”

就这样，我把这个决定放进记忆的抽屉里，细心地保管起来。时间慢慢流逝，每次我在办公室里加班写策划书的时候，都会看到闪闪发光的它，然后提醒自己。

“书，这是我与自己的约定。”

每当那个时候，我就会停下手里的策划书，然后拿出笔记本，开始写一些东西，当然主题就是“策划”。就这样，每天像写日记一样坚持下去，最终我完成了自己的第一本书。平均每天写3页，全书240页，一共花费了3个月左右的时间。10年前，我就是这样完成自己与自己的约定的。

这本书对于我来说是最神圣的礼物，因为它包含了我太多的情感。即使没有一个人知道这本书，我也会同样为它感到骄傲和自豪，我会感到欣慰和惬意。

第一本书出版以后，我的生活开始有了一些变化。有一天，我接到了一个企业的电话，电话里说该企业希望我可以给他们的员工做一次讲座。从那以后我就开始接到各处的讲座邀请，企业、公共机关以及大学，等等，甚至多的我要单独准备一个讲座的行程表。就这样，这些讲座和演讲为我的人生开辟了新的方向：站在演讲台上，变身成为一名大学教授。包括现在的我，也还会经常受邀去做一些讲座。

在出版第一本书的过程中，我和当时出版社的编辑渐渐产生了很深厚的友情。他这样对我说过："每个人出第一本书的时候都会很困难，但是下一次开始就会变得容易多了。"

我当时只是心不在焉地回答道："哦，这样啊。"因为我的目标只是出一本自己想写的书，而且我的目标已经达成了，也根本没有要出其他书的想法。但是随着时间的流逝，那位编辑的话渐渐变成了现实。因为不久之后，我就出版了自己的第二本书。虽说当初是为了实现自己的约定才开始写书的，但我也付出了相应的努力，所以才会成为一名别人眼中的作家。而对我来说，这份努力也给我带来了幸运，因为它，我才能够发现人生的另一种更加丰富的魅力。我想，这是一个普通的职场人士无法感受到的。

如果当初的我只给自己的人生涂上单一的色彩，只执着于这一种色彩，我想我永远都不会发现人生真正的意义。因为我没有涂着和别人一样的千篇一律的颜色，而是为自己的人生做出了一个新颖的选择，所以我的人生才会变得如此多姿多彩。

在写书的过程中我发现了“风格”的重要性，如果想要获得成功，就一定要有自己独特的风格才行。对我来说，写作不仅仅是为了出版书，也是一种创造性的人生职业。因为我会用自己独特的风格，去诠释自己全部的人生。如果你也想为自己的人生涂上自己独特的色彩，那就看看我是如何用我自己独特的风格来进行写作的吧。

第一，题材一定要是我所熟知的，而且我一定要有足够且丰富的经验。如果因为一时的好胜心，就选择自己所不熟悉的题材，那即使写出来了也只是一件缝缝补补的破衣服。写的人觉得没有意思，读的人也会感到无聊。在选题材这件事情上，其实和我作为一名大学教授是有紧密关联的。每次在准备讲课内容时，我都会选择一些生动的事例和经验，因为只有这样才能吸引学生们的注意力。我会努力地将自己准备的内容用幽默且机智的方式表达出来，而学生们也都会津津有味地听我的课。

第二，要像和亲近的人讲话一样去写作。我不是一个很有文采的人，也不会费尽心思让自己的文章看起来多么华丽。但是我会像讲话一样，用亲切的口吻去写作。有时候像前辈一样，有时候像朋友一样，我会用真诚的语言表达出自己的想法。在讲台上也是一样，在我看来，讲座并不是一场简单的形式，我更加希望和学生等听者之间建立长期来往的人际关系。我会把自己懂得的知识与他们分享，也会从他们身上学到更多我所不知道的东西。

第三，我在写作的同时还会把自己当成是这本书的读者。写作的时候，我会站在读者的角度上一边写一边编辑。比如我只会在每页上写满二十二行，左边的页面写满后，我就会开始写下一页，即使页面上还有剩余空间，我也不会继续写下去。因为从视觉上来看，这和读书的角度是最接近的。把自己当成是读者，一边写一边读，可以及时纠正错误，也为后期的编辑过程提供了很多方便。这种方式对制定人生战略也很有帮助，按照自己提前设定好的规格，把自己的战略写在笔记本上。这样在以后翻看笔记本的时候，会给自己带来某种视觉上的刺激，有助于自己的行动、实践。

第四，不要把自己逼得太紧。每次和出版社商议交稿时间的时候，我都会给自己提一个充裕的条件，而且往往会比计划好的时间再延长一点。因为我们并不知道在写作的过程中，会突然遇到什么事。还有一个最重要的原因，就是如果为了赶时间而写出来的稿子，肯定也不会是合格的稿子。包括我在做其他事情的时候也是一样，我从来都会给自己比较充裕的时间。因为我知道，只有能够主导时间的人才能够获得成功。永远都不要忘记，人生的主语是“我”，只有我们自己才能够做人生和时间的主人。

第五，我会利用清晨的时间去写稿。每个人都有自己头脑最活跃的时间段，而对我来说，清晨那段时间就是我头脑最活跃的时候。清晨开始写东西的话，有时候我能把一天要写的东西都流畅地创作出来。而且为了早点起来，我晚上会早点上床睡觉。不仅充分利用时间创作，我还养成了良好的生活习惯。现在的我比起以前，身体更加健康了。

通过写作，我给自己找到了人生的“风格”。对我来说，写作是为了提升了全方位的生活频率。我想你也可以用自己的能力和资质，给自己创作出一个属于你自己的人生“风格”。

“风格”需要你自己来寻找，没有色彩的人生是没有意义的。如果在一个人的记忆中从没有过任何美丽的色彩，我想没有什么比这样更悲哀的了。况且给自己选择暗淡的人生，这本身就是最糟糕的。所以，现在就为自己选择些独一无二的色彩吧，给自己一个充满“风格”的人生，这样你才可以向渴望的目标前进。

03

首先整理好自己的那张清单

为自己精心设计一个“梦想清单”，然后，在具有自身价值观的“梦想清单”后，再为自己设计一个“行动清单” 后要给自己决定好前进的方向，只有这样，“行动清单”中你要做的事才会变得有意义，人生才会变得有意义。

有人觉得自己的生活总是充满困难和考验，而有人却觉得自己的生活是平坦顺畅的。

前者的周围总是很嘈杂，身边总是会发生大大小小的事情。但是事情的结果往往却又不是他想象的那样，他只是已经习惯满腹牢骚了。身边的朋友也开始厌倦他的牢骚，和他聊天的时候也只是潦草地敷衍一下。相反，后者的话题却很少，没有想要发牢骚的问题，也没有想要炫耀的事情。即便是有，他们也不会轻易地表达出来。身边的人因为他的沉稳品格，会不知不觉地跟随在他的左右，即便是关系不熟悉，也会对他人说他是一个“好人”，一个“不错的人”。

为何这两种人的人生会有如此大的差距呢？

通过观察和分析众多的事例，我得出了一个结论。那就是前者是疲倦人生的主人公，即“繁琐的人生”，而后者则是沉稳人生的主人公，即“简单的人生”。

你可能要问，“简单的人生”是什么？“繁琐的人生”又是什么？

“简单的人生”是把自己最重视的事情当成是生活的中心。他们不把自己和他人比较，不会因此浪费精力或是感到疲倦。他们的人生由自己主导，在享受的过程中悠然航行。

相反，那些每分每秒都让人感到繁琐的人生就是“繁琐的人生”。“简单的人生”是一个可以实现自我的人生，是属于一个人的“真正的人生”。而“繁琐的人生”，只不过是一个“虚无的人生”罢了。

下面我们来看看这两种人的日常生活是什么样的，你会明白为什么他们之间会产生如此大的差距。

比如说，好不容易抽出时间准备好和家里人一起去海边，进行两天一夜的周末旅行。但突然以前的上司打电话过来，说是要在周末的时候举办自己新公司的开业仪式，想要邀请你参加。

如果当时的你是一个四十岁的家庭支柱，你会怎么做？你的选择是什么？

“繁琐的人生”的人首先会慎重想一想，然后告诉自己说：“全家旅行以后还可以再去，机会很多，但是这次的开业仪式只有一次，所以一定要去才行。”

给自己找到合适的借口之后，就决定把自己的想法告诉妻子，而妻子的反应比想象中的要冷淡。

“和孩子们都已经约定好了，你怎么能说变就变呢？以后孩子们还怎么信任他们的爸爸啊？”

“我是去玩吗？这不都是为了工作嘛。你知道开业仪式上会去多少人吗？全都是高层人士！你不懂外面的事，好好在家里带孩子！”

就这样，两个人开始争执起来。

孩子们躲在被窝里，不停地抽泣着。

这时候，他又开始把话头指向孩子。

“你哭什么哭啊，还不赶紧闭嘴！”

而“简单的人生”的人又是如何处理这件事的呢？

因为他们已经给自己的人生制定好了原则，所以不会因为某件突发事件就变得惶惶或者动摇。

“真心祝贺您！不过很抱歉，开业仪式我参加不了了，因为那天已经和人约好了。但是我一定会让人送一个最大的花篮过去，而且我保证在鲜花没有枯萎之前，我一定亲自去拜访您！”

如果这样说，对方会怎么想呢？会觉得他很不给面子吗？如果真是这样想的话，那以后也没有必要再继续和这个人来往了，还不如把宝贵的时间都放在家人身上。但如果对方是一个大度的人，那即便拒绝去参加他的开业仪式，他也不会因此放在心上，反而比起那些前去阿谀奉承的人，他会更高看一眼。

从这点就可以看出“繁琐的人生”和“简单的人生”有什么样的区别。虽然这只是一个简单的例子，但实际上他们的生活中每天都会发生这种类似的情况。他们对事物的理解、概念以及在处理问题的方式上，都是完全不一样的。他们其中一个在做任何选择的时候，都会做有意义且不牵强的那个，而另一个则会在冲突和纠结之中做出选择。这样的两种人，只能是差距越来越大。如果他们的生活变得相似的话，那才是最奇怪的事情。

“简单的人生”的人会清楚地知道自己应该出席的场合和不应该出席的场合，只有在完全需要的场合下，他们才会行动，否则会一直保持沉默；“繁琐的人生”的人不会明确区分开什么才是自己真正需要做的，混乱的人际关系只会成为他们生活的导火索，渐渐引发起各种事故。“简单的人生”的人会知道什么事情更加重要，什么事情更加急迫；“繁琐的人生”的人总是没有计划性，盲目地行动，还常常把真正重要的事情放在后面，去计较一些细枝末节的事，最终只会导致精力和金钱的浪费；“简单的人生”的人会遵循自己的主观意识；“繁琐的人生”的人总是受身边人的影响，每件小事、每句话都会成为干扰他们做决定的因素。

那么究竟要怎么做才能获得“简单的人生”呢？

方法就是在你给自己制定好“行动清单（to-do list）”之前，要先给自己定好“梦想清单（to-be list）”，即一张你想要成为什么样的人的清单。一个人想要出发去旅行，首先要明确自己的目的地，继而才能给自己准备适合的装备。珠穆朗玛峰也好，南太平洋也好，不同的目的地所需的装备是完全不同的。如果你在决定好目的地之前，就准备好旅行所需的装备，那么这段旅行很可能就会成为你的苦行之旅。人生也是如此，要先给自己准备好“梦想清单”，然后在准备“行动清单”。我们的生活会因选择而发生改变，不同的选择会带来不同的结果，所以我们更要对自己的人生有强烈的责任感。因为有了责任感，也许你才可以放弃他人都羡慕的大企业领导职位，去变身做一名服务员或者农民。而这一切，其实都源自于你自身的选择。

从本质上来讲，工作可以说是我们生活的一种方式，然而生活却在不知不觉中变得被工作所摆布了。每个人紧紧地被工作束缚着，这在潜意识中形成了一定的坏影响。因为在这样的状态下，我们变得不敢追求自己的梦想。看了我下面的比喻，你们也许就会明白了。

有这样一个孩子，他父母的性格一直很怪。在父母的眼里，孩子的梦想和潜在资质根本就不重要，他们只让他在自家的杂货店里帮忙，教他如何搬货物以及如何外卖。如果做不好这些，他们甚至还会拿着大棍子打孩子。

然而和孩子说过话的邻居们都这样说过：

“这孩子要是能去正规学校，在老师的帮助下好好接受教育，一定会成为一名大人物的……待人有礼貌，人品还好……啧啧啧，真是个可怜的孩子啊……”

小区里的叔叔和阿姨们都曾经这样说过，但是孩子自己却并不这么认为。

“你们千万不要这样说，我爸妈都说我除了卖货什么也做不好。虽然刚开始我也很讨厌爸妈这句话，但是现在想想，觉得他们的话是对的。我能做好的，真的只有卖货这件事了。”

最终，在邻居们的叹息中，孩子成长为一名只懂得卖货的青年，而且就这样慢慢地迎来了自己中年的人生。但是突然有一天，母亲却这样说道：

“当初要是也像邻居家的孩子那样，把你送去学校，好好接受教育的话，你现在一定也是一个大人物了……我也是没有办法，只能听你爸爸的话。孩子，我这个当妈的对不起你。没能把你教育好，这是我一生最大的遗憾。”

母亲在临终前留下了这句话。

母亲短暂的叹息，让孩子觉得自己几十年的人生受到了很大的冲击，但是却又无法再回到过去。

我们不能像这个故事里的孩子一样，叹息和后悔是没有任何用的。如果孩子当时告诉自己：“我将来一定会成为一名检察官，或者当一名老师也不错，再不然成为事业家，能拥有一份大的事业也很好。”如果孩子有这样的愿望和梦想，那这个故事会变成什么样呢？因为他轻易地放弃了自己，所以才会导致他的一生都要活在后悔和遗憾之中。取代他梦想的究竟是什么呢？是什么让他失去了自己的梦想呢？就是一张“行动清单”。“我现在要做的是卖货，一会要准备给军队送几箱货过去，明天也是这样，后天也是这样……”

你现在的人生是什么样的呢？

“现在要写销售业绩报告表，要准备会议所需的资料，马上又有合约要谈，还要去拜访两家客户，看来今天又要加班了，明天还要和老板报告点事情。唉，真是忙透了。”

你是否这样度过每一天的？

当然，也许你没有办法放弃此时的工作，但是不管怎么样都不要忘记，你要对自己的人生负责。不能放弃自己的梦想和愿望，因为他们对你的人生至关重要。

我经常这样告诉自己的学生们：

“直到今天，我的心脏还在剧烈跳动着，哪怕现在的我已经四十多岁了。就连此时正在给你们讲课的瞬间，我也同样能够感受到来自内心的激情和喜悦。现在的我仍在做出新的挑战，走进我未曾接触过的领域，去学习该领域的知识。我很享受这个学习的过程，学习未知的知识是我的目标，而我现在的每一天都在朝着这个目标一步一步前进。所以，这样的每一天对我来说，都是相当有意义的。”

二十岁的学生们眨着眼听我说着，然后他们会发觉：“原来梦想是与年龄毫无关系的。”

现在的你环顾一下自身周边的环境，看看自己是不是已经陷入了“行动清单”的陷阱中，检查一下自己此时正悬浮于什么样的地方。然后要给自己决定好前进的方向，只有这样，“行动清单”中你要做的事才会变得有意义，人生才会变得有意义。

很多人都有自己的口头禅。

“真不知道这对我会有什么帮助。”

“这事对我来说一点意义都没有。”

有时候，不是因为这件事真的没有意义，而是因为你根本就没有发现事情本身存在的意义。

“我们的核心其实就是自身的价值观，所有言行和决定都只不过是这个价值观的一种反映结果而已。”这是史蒂夫·乔布斯的处世哲学。

现在，你是不是要为自己精心设计一个“梦想清单”呢？然后，在具有自身价值观的“梦想清单”后，再为自己设计一个“行动清单”。

04
为自己制作“加时间”

“不积跬步，无以至千里；不积小流，无以成江海。”每天都给自己攒下一个小时的时间，最终这些时间都会变成你巨大的能量。每天一个小时，别人生活的24个小时的时间里，你就拥有25个小时。

《塔木德经》中有这样一句话：“人们往往把金钱看得比时间重要，但他们都忽略了一个事实，那就是逝去的时间是再多的金钱也无法买回来的。”

现代管理学之父彼得·德鲁克在《德鲁克论管理》一书中曾强调过时间管理对现代人的重要性。他这样说道：“自我管理的核心要素是时间管理，真正想有所成就的人并不会从某一件事开始行动，而是从时间开始。他们也不会从做计划开始，而是首先要明确是什么事情剥夺了自己宝贵的时间。然后远离那些浪费时间又效率低的事情，最终这些人都会合理且有效地支配自己的时间。”

主导自己人生的人以及实现个人目标和梦想的人，都有一个共同点，那就是像彼得·德鲁克说的一样，是懂得自我时间管理的人。无论多么忙碌，他们每天最起码都会抽出一个小时给自己，做自己想做的，跟随自己的意志和内心。而正是因为用心经营这些“每天一小时”，他们的人生才会有所改变。或者更明确一点地说，他们的人生是变成了“自己想成为的样子”。

突然，我脑海里闪现出过去的一个场景。

“你现在都多大了，还在学习。”

一位朋友讽刺地说到。

“是啊，你就是读完研究生又怎么样？能有什么改变？”另一位朋友插嘴说。

“我就是觉得如果现在放弃的话，迄今为止所学的知识就有点可惜了，还差一点研究生就可以毕业了，也不差这一点了。”

我像是犯了什么错的人一样，一边解释一边回答。原本一次简单的聚会，话题就这样都围绕着我的研究生生涯展开了。

“我们的意思是说，本来你现在的事业就已经出现了危机，为什么还要继续读研究生呢？”朋友们可能觉得现在的我很可怜，所以这样说道。

我心里想：“以后再想读的话可能会变得更加困难，所以还不如现在……”但是却始终没能说出口。

那时的我有自己的事业，的确事业上也出现了一些危机，但是情况绝没有坏到连研究生都读不了。一周中只要有两天去学校就行，作业和课程全部加在一起每天有一个小时的时间就足够了。

又一个场面浮现在我的脑海里。

“哇，你可真是了不起啊，怎么会想到写这种书呢？”

前辈盯着我写的书，很是惊讶地问道。

“平时只要有时间我就会写点。”

我尴尬地笑笑后回答说道。

“有时间？写书是抽时间就能写出来的？骗人呢吧……”

前辈这样问的时候我都不知道该怎么回答了。

“肯定要花很长时间吧？一本这么多字的书，这得花多少时间写啊？”

“大概三四个月吧。”

“什么？开玩笑呢吧？怎么可能？那你是一天要写五六个小时？”

“没有，我每天只有一个小时的时间用来写作。”

前辈看上去完全不相信我的话。

“啊？别骗我了。一天写一个小时，怎么可能在三个月的时间里写好一本书！不管怎么样，你的确挺厉害的，了不起！”

前辈到最后也没有相信我的话，而我所说的的确就是实际情况。

每天抽出一个小时的时间进行写作，只要坚持下去，三四个月就会写好一本书。把稿子送到出版社后，很快就会上市。

每天我投资给自己一个小时的时间，在这样的投资下，我成功读完研究生，也出了一本自己写的书。这就是“六十分钟经营”的真实事例。通过这两件事情的成功实践，我给自己的人生带来了巨大的变化。投资一个小时给自己，最终我获得了人生中最美好的礼物。

取得研究生学位后，我成为了一所大学的教授，之后还成为了一名畅销书作家、一个出名的演讲家，也成为了一家杂志的专栏作家。通过各种各样的电视活动，越来越多的人开始知道我的名字。除了一些企业，公共机构也开始邀请我去做讲座。我还和国内最好的网上教育机关携手合作，创办了自己的教育项目。与这些成就比起来，管理好自己的时间让我收获最大的可以说是一种力量，能够让我有原则地、坚持不懈地实践自己新的人生战略的力量。

《卡耐基名言集》里出现过这样一段话："作为木匠的儿子而出生的詹姆斯·瓦特，发明了第一台有实用价值的蒸汽机在自己还是一名机械工的时候，詹姆斯·瓦特就努力学习化学和机械学原理，甚至还学习了德语。美国测量学家史蒂文森在值夜班的时候都会努力学习数学和测量学，白天的时候只要一有时间，他也会利用碎小的粉笔块儿在煤车上进行运算。这说明只要一个人有韧性，哪怕是再琐碎的时间，只要能够活用在有意义的事情上，即使是平凡的人也一定会获得巨大的成功。"

华侨在全世界都称得上是有生意头脑的人，而在他们之间流传着这样一个故事。

有一个华侨的家门前，每天早上在固定的时间都会经过一辆货车。货车上装满的木材堆积如山，而华侨家门前的道路又是高低不平的砂石路，所以每次货车经过的时候都会有多多少少的木材掉下来。于是这位华侨就在每天的这个时候等着货车的出现，然后将掉下来的木材捡回家。就这样，他持续了十五年，最后他成为了一名木材商人。毛毛细雨也会浇湿衣服。"不积跬步，无以至千里，不积小流，无以成江海。"每天都给自己攒下一个小时的时间，最终这些时间都会变成你巨大的能量。每天一个小时，别人生活的24个小时的时间里，你就拥有25个小时。

也许我们每个人所生活的世界里，时针和秒针是同样前进的，但是这并不意味着我们每个人所利用的时间是相同的。这也是我们为何要提前制定5年战略的原因，就是希望能够给自己创造一些“加时间”。有了这些“加时间”，人生就有了更多的机会，并且我们会开始期待：“今天我又会有什么样的改变呢？”

著名画家保罗·克利说过：“让自己再变得强大一点，哪怕只是一天的时间也好，这就已经足够了。”

是啊，哪怕只要再多一天的时间，机会和幸运就会来到我们身边。

05

要做值得做且有意义的事

时间，不应该消耗在“生产更多、更多样的东西”上，而是要放在“有价值的事情”上。哪怕只是一件也好，只要它比其他任何东西都更有价值，那花费在它身上的时间就是值得的。

“有人说时间可以解决一切问题，但是事实上能够改变一切的，其实是你自己本人。”波普艺术的倡导者和领袖人物安迪·沃霍尔这样说过。

我们究竟活在多少借口中？为了生活我们是否又隐藏了真实的自己？当我们的生活变得勉强又凑合，那只会导致我们的人生渐渐变成水蒸气，消失得无影无踪。

“生活不就是那么回事嘛，我又能怎么样?！”

“一无所有的我能够像现在这样生活，我已经觉得很庆幸了。”

“生活中的我们要圆滑才行。”

试着问一下你身边的人他们现在过的怎么样，我想十有八九都会这么回答。

“就是做点这个再做点那个，说不清，反正是很忙。”

如果有人这样回答，你接下来会怎么样呢？是不是这样？

“忙点好啊，不忙才是坏事呢。”

现代的社会人都在“忙碌”中生活，职场人会从早到晚做业务，学生们在学校、补课班和图书馆之间筋疲力竭地学习，而家庭主妇们为了照顾丈夫和孩子也疲惫不堪。我想现在这个世界上，似乎每个人都这样“忙碌”地生活着。

除了“忙碌”，大家的嘴边还经常挂着这样一句话，那就是“没有时间”。

“你最近看什么书呢？”

“您平时运动吗？”

“经常和孩子们一起玩吗？”

“闲暇的时间您都喜欢做什么呢？”

这些所有问题都有一个共同的答案。

“哎，我内心是很想去做，但是根本没有时间。”

当然也不是说“没有时间”这句话完全没有妥当性，的确，对于一般职场人士来说，忙碌的日程表永远都伴随着“没有时间”。

随着社会的发展，各大企业的规模也在不断扩大。公司的人力资源要想跟上企业的发展，每个人所应处理的业务就增加了很多。而且现今的各项工作基本都活用网络或者公司内部数据库，所以相对来讲效率也比以前提高很多。但同时这也意味着，个人需要在短时间里处理好更多的工作，也就是高效率的工作成果。

彼得·德鲁克在《德鲁克精华》里这样分析到现代人与时间之间的关系：“个人的人际关系如果与工作上的人际关系混合起来的话，时间就会变得浪费。因为这样的人会感到时间不足。总是很忙碌，继而会与生活产生各种摩擦。但是在现代社会，任何一个组织机构中都不可避免地存在这样的混合行为。一起共事的人数越多，所需的互相作用的时间就越多。而这样的结果就导致在工作上的时间减少了，也就是说企业的规模越大，脑力劳动者在工作上运用的时间就越少。所以只有明确自己的时间要如何运用，才能管理好个人的时间，而现代人对时间管理必要性的认识也在逐步增强。”

当然不能否认，事实的确是这样，很多职场人士的私人时间都在不断减少。但是这并不意味着在他们的全部生命之中，可以把“没有时间”这句话当成口头禅随时挂在嘴边。

现在让我们把焦点放在生命的核心上面。

我们没有能力创造时间，这是人类最基本的局限。但是我们却拥有可以最大限度地活用时间的能力，随着这项能力的充分开发，我们就可以提高自身的生活品质。而这项能力是确保我们通往成功、实现梦想之路的惟一方法。永远都不要忘记，很多人虽然同样生存在忙碌的社会之中，但是他们却可以通过“时间管理”充分支配并活用自己的时间，然后不断达成自己的目标，面带微笑且满足地迎接生活。

“习惯支配人生。”

我想没有人会不同意这个观点，所谓习惯，就是不用刻意地去做，自己无意识地遵照一直以来的行动和态度的行为。

美国著名的人际关系学大师戴尔·卡耐基在《人性的弱点》中这样写到：

“我来介绍一位才能出众的哈佛大学的教授，他曾于1933年2月23日星期四的晚上，在一家耶鲁俱乐部里举办过一次演讲活动。下面是这位教授在活动上的讲话，我原封不动地把它记录了下来，没有做过任何修饰和解说。

哈佛大学著名教授威廉·詹姆士这样说道：‘其实我们对自己的能力只了解到了一半，因为我们只使用了身体上和精神上的一部分。与其他事物比起来，人类具有更加丰富的表现力，每个人可以超过自身的界限，更加丰富且多方位地生活。也就是说，我们每个人都有一些还没有形成生活习惯、但却着实存在的才能。’

这本书惟一的目的就是帮助你发现自身存在的那些‘透明状态的能力’，也就是威廉·詹姆士教授所说的‘还没有成为习惯的才能’，并帮助你开发这些隐形的能力，然后让你获得最大的人生利益。”

我看到书中的这部分时，在那句“还没有成为习惯的才能”下面用横线做了标记，并且是很粗很粗的横线。

然后我陷入了思考。

“那些‘还没有形成习惯的才能’，也许是我们身上所具备的‘隐形才能’，也许是只要我们下定决心就能够充分利用的才能，甚至可以是跟我们现在正在使用的任何才能相比都要更加贵重的才能。不仅只有才能如此，时间也是一样的。那些‘还没有形成习惯的时间’，也许是我们身上所具备的‘隐形时间’，也许是只要我们下定决心就能够充分利用的时间，甚至可以是比我们现在正在使用的任何时间都要更加贵重的时间。

正如上面说的这样，我们并没有将时间和主观能动性以及创意性结合起来，没有充分活用生命中宝贵的时间，只是按照自己一直以来所做的，或者按照别人指示的，再或者是像别人生活的那样，盲目地消耗时间而已。

现在，我们需要找回之前那些被自己搁置的以及不知不觉中被自己丢弃的宝贵时间。再次强调一遍，我们一定要找回那些“还没有形成习惯的时间”，并且把这些价值连城的宝贵时间充分活用起来才行。

即便上帝不会赐予你比他人更多的时间，但是只要你这样做了，充分活用起自己的时间，那么凭借你的努力，你大可以获得比他人更多的效率。根据你努力的程度，你有可能获得比他人多出五倍甚至是十倍的效率。

著名时间管理专家亚历克斯·麦肯锡（Alex McKinsey）说过：“对于任何人来说，要想变得忙碌是很容易的，但是要想有效果地运作起来就很难了。”

我们一直都在忙碌地追随时间的步伐，是因为我们过于执着在单位时间内的生产效益，因此我们把这样的结果称为“效率”。但现今社会不再是一个比较“谁的生产效益更高”时代，而是一个“谁更能创造出价值”的时代，而我们把这样的价值称为“效果”。

时间，不应该消耗在“生产更多、更多样的东西”上，而是要放在“有价值的事情”上。哪怕只是一件也好，只要它比其他任何东西都更有价值，那花费在它身上的时间就是值得的。

请正在阅读本书的你铭记，5年战略的胜败就在于，你是否能充分利用自己的宝贵时间创造出更加具有“价值”的东西。

06
每天11个小时的再利用

> 你是否真正热爱自己的人生？如果是的话，就不要浪费你宝贵的时间。因为只有时间才是你人生中最宝贵的财富。

美国第三任总统托马斯·杰斐逊这样说过：“千万不要因为没有事情做就浪费宝贵的时间，如果一个人总是尝试着想做点什么的话，你会惊讶地发现自己其实已经做到了很多事情。”

从现在起，最少在5年的时间内，你一定要给自己树立一个新的信念，那就是无论如何都不能浪费时间，要像对待宝贵的财富一样充分活用这些时间。如果你这样做到了，在不久的将来，就会有远远超越你想象的成果堆积在你的生活中，出现在你的眼前。

崔科长总是把“太忙了，真忙啊”这样的话挂在嘴边。

如果你看到他忙乱的身影，一定会觉得他的确忙得不可开交。但是把那句“太忙了，真忙啊”作为口头禅，每天都挂在嘴边的他真的在每个瞬间都如此忙碌吗？

下面我们来仔细观察他一下。

崔科长每天早上8：30准时上班。本来是9：00上班就可以的，但是因为自己的部长每天8：30就到公司了，所以崔科长也只好早点来公司上班。

在还没有完全清醒的情况下，他慌慌张张乘上地铁，然后一边站着一边眯眼休息一会。到公司一共是40分钟的路程，崔科长就这样在睡与不睡之间度过了这段时间。

8：30到公司，距离9：00正式上班还有30分钟，这样宝贵的早晨时间，崔科长又是怎样度过的呢？

公司给员工订阅了两种报刊（一种是新闻日报，一种是体育报），每天早上会有人送到办公室里，而崔科长会拿着刚刚送到的报纸走向卫生间。很遗憾，宝贵的30分钟时间，崔科长就这样在卫生间里度过了。

公司在9：00准时召开小组会议，会议结束后大家都回到自己的位置上，然后开始确认自己今天的工作内容。而崔科长在确认工作内容之前，会先打开电脑，然后看一些网络新闻，即便有的新闻在之前的报刊中已经看过了，他还是会看一些其他的新闻报道。比如第二天的棒球赛或足球赛的赛前分析，等等，把所有出现在眼前的新闻都会点击阅读一遍。

如果没有特殊的急事，或者没有人来找他的话，花费在这部分的时间达30分钟，甚至有时要延长到1个小时。

就这样度过一段时间后，崔科长开始确认自己的邮件。邮件大体上可分为三个部分：

第一，业务上的邮件。

第二，朋友间的邮件。

第三，注册的某个网站发来的会员通知等宣传邮件。

本来早上只需要确认第一条上面的邮件内容就可以了，但是崔科长总是习惯性地打开所有的邮件，然后一一确认，好像只有这样做他才能觉得过瘾了一样。包括邮件里的一些链接，要全部打开确认完毕之后，他才会做下一件事情。而花费在这里的时间又要30分钟。

中午12：00是午餐时间，因为公司的人很多，要是去晚了就要排很长时间的队才能吃上饭。所以崔科长一般都是在11：50的时候就离开自己的座位，走向餐厅。12：30结束午餐，再回到办公室，距离上班时间还有30分钟，崔科长会利用这段时间上网。最令他感兴趣的是一些理财网站，这种网站里会聚集一些想要知道股市等小道消息的人。而崔科长还会忙着确认这些消息的真假，在各种网站之间逛来逛去。就像在商场逛街的人一样，即便没有明确地想要买的东西，也会津津有味地享受这样的时光。

要说到崔科长的日常生活，就不得不提到这点，那就是“聊天”。每天下午1点前后就是他集中聊天的时间段，包括以前的同事、高中同学、大学同学，等等，崔科长会和他们聊一些日常的话题。就这样，简单地聊几句后，时间又过去20分钟到30分钟了。

崔科长还很喜欢抽烟、喝咖啡以及喝酒，只要有空他就会走到公司外面，抽根烟或者喝杯咖啡，就这样，这些琐碎的时间加起来也足足有一个小时了。

下班以后，他还经常会和现在的同事或者以前的朋友一起喝几杯，如果是从晚上7：30开始，那么一般就会持续到半夜12点才会结束。吃饭、喝酒加上唱歌，这些必备的程序加在一起一般要五六个小时。就这样玩累了、喝醉了以后，他才会拖着身体迷迷糊糊地回到家，然后一头栽倒在床上，开始睡觉。

就这样，一天过去了。

崔科长基本上每天都在这样荒废自己宝贵的时间，这些被荒废的时间加在一起，足足有11个小时。可是他还口口声声把“太忙了，真忙啊”这样的话挂在嘴边，真的很令人惋惜。

并不是说和同事或朋友聚会、聊天、浏览网站以及看新闻这些事情是没有价值的，只是希望大家能够把花费在这些琐碎事情上的时间进行节约，然后利用节约下来的时间去做自己真正需要的事情。这样散漫地生活，最终只会导致自己的集中力下降，所以即便一直都很忙碌，也没有多少实际的意义。

正在读本书的你是什么样的呢？是不是像崔科长一样，把这些宝贵的时间花费在没有必要的事情上呢？

现在，请回答我下面的七个问题，来看看你自己每天是怎样利用这些宝贵时间的，这些时间对你来说是不是有意义的。

第一，我的时间是否按照自己的意愿得到控制和利用呢？

这个问题是在帮助你了解自己是否具有管理自己时间的控制力。这个世界对待每一个人都是公平的，因为每个人每天的时间都是24个小时。但是有的人却可以在这24个小时之中，按照自己的意愿合理地安排并利用好宝贵的10个小时；但是有的人，却连1个小时都无法按照自己的意愿度过。

这种差异就是“时间控制力”所带来的差异。当然产生这种差异的原因，在某种程度上是源于外部环境所带来的因素，但是最主要的原因则在于个人的生活习惯以及态度。也就是说，如果一个人足够勤奋，并且意识到时间的宝贵，那么即便是要通宵完成工作上的事情，他也会抽出时间做自己想做的事情，按照自己的意愿充分活用宝贵的时间。

第二，我是否正在朝着自己的终点前进？

这个问题是在帮助你了解自己“前途的准确性”，也就是在问你是不是正朝着自己的终点一往无前地前进，并且没有丝毫的犹豫和徘徊。因为无论你的终点多么美好，只要你没有坚持前进，那么再美好的终点也无用。

第三，我是否有自己的目标？

这个问题是在帮助你确认自己是否具有“明确的目标”。虽然你一直在认真且努力地生活，但是有一天当你回首过去时，却突然感到疑惑：“我为什么要这样生活呢？”产生这个疑惑的原因，是因为你一直都没有明确的目标。只有目标明确了，你才会对时间产生珍惜之意。

第四，我对未来的投资是否有价值？

这个问题是在帮助你检查自己“计划性的投资”是否得到了实践。

偶尔有学生会这样问我：

“老师，毕业以后去公司工作的话，我要怎么样做才会得到领导的认可呢？”

如果是你，你会怎么回答这个学生呢？我是这样回答的：

“每个公司对员工的要求是不一样的。比如说有一个公司很注重英语水平和市场知识，那么你要准备什么呢？当然是英语和市场营销知识了。从今天起你就要开始学习英语，练习口语会话能力。然后每个月都要读一本与市场营销有关的书籍，当然，这需要时间和金钱。但是如果没有付出就不会有回报，要想得到成果，就要投资才行。”

如果目标明确，那就要找到达成目标的正确方法。职场人士要明确公司和业界所需的究竟是什么样的人才，然后再找到具体的方法进行实践；做生意的人就要明确自己行业的前景，只有这样才能做出相应的战略和策划。有很多人都在没有计划地进行经营，销售额提升了就增加员工数，销售额减少了就减少员工数，这样做的结果只会导致失败。

第五，我是否每天都对自己进行战略上的投资？

这个问题不是在简单确认你是否正在实践对自己的投资，而是在确认你是否“每天都在对自己进行投资”。如果只是在想起来的时候才去实施，那无论如何都不会达成最终目标。受各种外界因素的牵制，把昨晚加班作为借口，或者是因为身体状态不好，等等，如果因为这些原因就停下每天前进的脚步，那么你只会重新回到原点，目标变得越来越遥远。就像每年年初，给自己的日记本是挑了又挑，但最终都没有写上几页，这样的人只会做一些没有意义的事情。其实哪怕只是一分钟也好，我们每天都要让自己朝着目标更近一步才行。

第六，我是否能够自信地说出自己的竞争力正在增强？

这个问题是在问你是否正在朝着自己的目标发展，也是在帮助你对自己做出一个明确的评价。也就是确认自己是否具有竞争力，在某种程度上也是在帮助你检验对自己的满意程度。有的时候，即便你已经非常努力地去做了，但对自己的满意度还是很低。那么就有可能是你实践的方法存在问题，或者是你的目标过于不现实。所以这个时候，你就需要换一个视角，重新检验一下自己的目标了。

第七，我是否充分利用了自己的宝贵时间？

最后一个问题是综合且多样化的。1个小时也好，10个小时也好，每个人情况不同，对时间利用的效果也不一样。而这个问题就是在帮助你对自己的时间利用做出一个评价。要想充分利用好时间，这需要具备一定的注意力。要想把1个小时内才能完成的任务放在10分钟内完成，这需要你来检验自己是否提前做好准备，或是其他什么原因。而注意力又需要体力，所以你要在体力管理上再花费一定的时间。你还要知道，自己可以最大限度地集中注意力的时间是什么时候，假如这个时间是从早上9点到11点，那么你就需要把自己最核心最重要的事情放在这个时间段里。有的时间是你可以集中注意力做一件事情的，而有的时间是你可以同时处理好两件日常事情的。区分好这两个时间段，然后最大限度地活用自己的时间。

美国历史上第一位享有国际声誉的科学家、发明家本杰明·富兰克林曾说过："你是否真正热爱自己的人生？如果是的话，就不要浪费你宝贵的时间。因为只有时间才是你人生中最宝贵的财富。"

07

像锥子一样，只为了一点而工作

就像锥子一样，把注意力集中在一点上面。我们的人生也是如此，当我们把所有的精神和体力都集中在一件事情上的时候，即使看起来是不可能的事情，最终也会成功实现。

“如果不瞄准就出击的话，那100%会走偏的。”有“天才少年”、“冰球大帝”之称的冰球选手韦恩·格雷斯基曾这样说过。虽然我们可以简单地理解这句话的含义，但在实际生活中，却往往不如我们所理解的那样，还是会经常偏离正确的轨道。所以说，如果没有明确的目标，那所有的选择和决定都只会令我们的人生变得更加混沌，而且会将我们不断引向后悔的深渊。

美国第三十五任总统约翰·菲茨杰拉德·肯尼迪曾公开发表过自己的伟大目标，他说道：“人类会在接下来的十年内成功实现登上月球的壮举，并且为了实现这个伟大的目标，我们要团结所有国人的力量。”而他的这个目标最终得以成功实现。

明确目标就等于拥有了明确的靶子，而为了能够命中靶子，所有的战略就会自然而然地出现了。如果一位优秀的船长没有充满智慧的航海师，那么他最终也只能在漂流中遇难。即便他和约翰·菲茨杰拉德·肯尼迪总统一样出色，但是没有目标的他是永远不会成功的。而这位智慧的航海师就是他的“目标”。

19世纪英国著名史学家托马斯·卡莱尔说过：“一个没有目标的人，无论他面前的路多么平坦，他都无法迈出前进的步伐；而一个拥有目标的人，无论前方的路途多么险峻，他都会充满力量地走下去。”

我有一位朋友在一家中小型企业里上班。

有一天，他告诉我他决定在3年后辞职，打算离开现在的公司。因为他觉得在公司上班随时会遭遇被裁员的危险，所以没有办法保证自身安全的他做了这个决定。如果他不给自己提前准备好一个应对之策，那么他就会像自己的前辈一样，面临被裁员后的没落。他决定3年后自己建立一家律师事务所，所以在这期间他要好好准备律师资格考试。因为自己是法律大学的毕业生，所以相对于其他竞争者来说，自己还是具有一定优势的，他认为自己一定会成功。

除了处理工作上的事情，其他的时间他都用来准备考试。甚至比高三的时候还要认真，他比任何人都努力地学习着。因为有了可以改变人生的目标，所以学习的时间就自然而然的产生了。时间就是世界给予人的礼物，是给这些朝着目标前进的人的宝贵财富。

最终，他在辞职以后，成功考取了律师资格证。为了表示对他的祝贺，我们见了面，当时他是这样对我说的：“有了明确的目标以后，我倒感觉时间变得更加充沛了。因为不会在其他事情上花费时间，一心一意只集中在自己的目标上面，生活也自然变得简单了。为了准备考试，我把电视都撤走了，因为觉得下班以后坐在电视机前发呆是一件很浪费时间的事情。一开始的时候的确会感到有些空虚，但是一周之后就变得习惯了。就像戒烟一样，凡事都要有一个过程。即使没有电视机，我的生活也一样继续，没有什么异常的变化。就这样，被荒废的时间越来越少，甚至学习的时间还很充裕。当我接到考试合格的通知书时，知道我最先想到的是什么吗？现在我要做什么呢？这次要再挑战什么呢？全是这样的想法。”

我的这位朋友现在正在准备司法考试，我相信5年后的他一定会取得成功。他并不是头脑很聪明的人，也并不具备什么天赋，普通得和身边的每一个人都一样，到处可见。但是他却懂得如何把“时间”变成自己的盟友，这就是他最大的不同。所以，现在没有人觉得他是平凡的。每个人都在期待下一次的他会展现出什么样的状态给大家。

博恩·崔西说过：“少数成功的人会常常思考自己究竟是什么样的人，还会不断地问自己想要的到底是什么。他们会经常把目标和愿望加以对照，然后给自己作出评价，判断自己进步与否。”

如果从“时间追随者”成功变身为“时间支配者”，那之前一直没有看到的机遇会自发地出现在你的眼前。就像老练的枪手能让敌人举手投降一样。

有两名弟子一同和师傅学习射箭。

其中一名弟子瞄准靶子，拉开弓弦。

这时师傅问道：“你现在能看见什么？”

“我能看见靶子，周围还有几棵树。”

师傅听了以后很生气，并让这位弟子放下手中的箭。

另一位弟子拉开弓弦。

“你现在能看见什么？”

“我只能看到一个圆的黑点。”

师傅点点头，弟子的箭飞出去，正好落在了靶子的黑点上面。

师傅这样说道：“射箭最重要的就是注意力，要把所有的精力集中在靶子的中心上面才行。”

你是否已经为自己的人生设定好目标了？如果是的话，你人生的所有焦点都会落在这个目标上面。

海伦·凯勒说过：“如果我们长时间投入到某件事上，那么就能够得到自己渴望的一切东西。”

就像锥子一样，把注意力集中在一点上面。我们的人生也是如此，当我们把所有的精神和体力都集中在一件事情上的时候，即使看起来是不可能的事情，最终也会成功实现。

曾有过这样一篇调查，问题是：“在天才们眼里，自己比普通人究竟出色在哪里呢？”

回答最多的是“智商指数”。

其次是什么呢？

就是“注意力”。

仔细观察这篇调查后，你可能会觉得有些疑惑。

“天生智商高也就算了，‘注意力’不是可以靠着努力来提高的吗？是后天可以培养的能力啊。”但是仍然有人认为注意力和智商一样，是天生具备的。请大家铭记，这完全是天方夜谭，因为注意力是在产生目标后才会产生的。

美国作家克里斯汀·博比这样说过：“成功的人就像锥子一样，只为了一点而工作。”

是的，我们建立5年战略的原因就是希望能够朝着“一点”一路向前，踏着简练的步伐，带着明确的目标，不断向目的地接近。

我们来仔细观察一下出色的棒球运动员们。

一流投手的投球姿势都很简单，没有繁琐的动作。而一流的击球手也是一样的，挥棒的姿势里没有任何不需要的动作。投手只要朝着一点将球投出即可，不会因为击球手的动作快就变得慌张。因为不慌张，一流的投手才可以把击球手困在原地。着急的人永远都不是投手，而应该是击球手。因为如果带着焦急的心理去投球，最后只会导致失败。

一流的击球手会把自己所有的注意力集中在球与球棒相遇的瞬间，为了不错过这个瞬间，他会数千遍数万遍地努力练习，用最简单的姿势、最快的速度挥棒。

成功的人也是如此。

每个成功的人都有自己简洁的方式，行动的时候不会带有任何不需要的因素。

即便有很多的事情要处理，他们也总是游刃有余。要做的事和不应该做的事，他们会有明确的界限。因为懂得充分利用宝贵的时间，所以他们的生活变得简单而有效率。生活简单的他们为何看起来又是如此的耀眼，原因就是他们在每个瞬间都集中了自己的注意力，而这一切也都成为了他们的生活习惯。

现在的你正在为了哪一点而工作？

是不是还在到处徘徊?

有没有已经瞄准好的目标?

此后的5年你对这三个问题会做出怎样的回答，这将会对你的一生起到至关重要的作用。